普通高等教育汽车制造与装配技术专业系列教材

汽车焊装

U0748125

主　编　罗文智　　姚博瀚
副主编　邵　枫　　肖良师
参　编　王永华　袁伯新　唐青山　李洪军　王　波　刘　智
　　　　孙凤锁　禹韶光　程　俊　毛　飞　黄　麟　袁建光
　　　　田仁江　赵　欢
主　审　陈维礼

机械工业出版社

汽车焊装是汽车生产的四大工艺之一，本课程主要讲述了汽车车身结构、典型汽车焊装生产线和焊装工艺流程以及汽车焊装生产中常用的焊接方法和焊接新技术，同时介绍了汽车焊装生产中的包边/滚边工艺、焊装生产线机器人及电气控制、汽车车身焊装质量控制、车身焊装车间管理与焊装设备维护和焊装安全生产。

本书可作为应用型本科、高职院校汽车制造与装配专业的教材，也可作为汽车制造企业人员的参考书。

图书在版编目（CIP）数据

汽车焊装/罗文智，姚博瀚主编. —北京：机械
工业出版社，2014.12（2025.1重印）
普通高等教育汽车制造与装配技术专业系列教材
ISBN 978-7-111-48313-7

Ⅰ.①汽⋯ Ⅱ.①罗⋯②姚⋯ Ⅲ.①汽车—装配—
焊接—高等职业教育—教材 Ⅳ.①U466

中国版本图书馆 CIP 数据核字（2014）第 244852 号

机械工业出版社（北京市百万庄大街 22 号　邮政编码 100037）
策划编辑：徐　巍　责任编辑：徐　巍
版式设计：霍永明　责任校对：肖　琳
封面设计：鞠　杨　责任印制：常天培
固安县铭成印刷有限公司印刷
2025 年 1 月第 1 版第 10 次印刷
184mm×260mm ·13.25 印张·317 千字
标准书号：ISBN 978-7-111-48313-7
定价：38.00 元

电话服务　　　　　　　　网络服务

客服电话：010-88361066　机 工 官 网：www.cmpbook.com
　　　　　010-88379833　机 工 官 博：weibo.com/cmp1952
　　　　　010-68326294　金 书 网：www.golden-book.com
封底无防伪标均为盗版　机工教育服务网：www.cmpedu.com

汽车制造与装配技术专业系列教材
编　委　会

汽车制造与装配技术专业系列教材
专　家　委　员　会

丛 书 序

　　进入 21 世纪以来，我国汽车产业高速发展，形成了多品种、全系列的各类整车和零部件生产及配套体系，产业集中度不断提高，产品技术水平明显提升，已经成为世界汽车生产大国。以 2009 年中国汽车工业产销量登顶全球第一为标志，中国汽车工业无可争议地完成了从小到大的转变。

　　在过去十年，中国汽车市场蓬勃发展，从 2004 年产销量双超 500 万辆，到 2013 年产销量双超 2100 万辆，产销量已连续五年保持世界第一。

　　中国汽车行业正在通过加快结构调整，增强自主创新能力，推动产业升级，迎接新的挑战。汽车的大工业生产方式从生产流水线方式转为汽车平台式生产和"模块化"生产方式，生产组织方式柔性化。汽车零部件设计开发逐步向模块化、通用化方向发展，全球采购也成为发展趋势。

　　在发达国家，由于市场竞争的不断加剧，客户不断增加的个性化需求，各大汽车企业为了满足市场需要，在市场竞争中立于不败之地，纷纷对生产模式作出相应的优化和调整，以丰田、福特、大众、菲亚特等比较大的生产厂商为首，逐渐由按库存生产转向按订单生产。同时，各大汽车企业也都调整了生产管理模式，即在车身进入总装之前都可以调整订单，这样就可以极大地满足市场及生产的柔性要求。

　　随着全球化买方市场的逐渐形成，企业所面临的竞争日趋激烈，经济活动的步伐越来越快，客户对时间方面的要求越来越高。这一变化的直接反映就是竞争主要因素的变化。20世纪初期，企业间竞争的主要因素是成本，通过大批量生产来降低成本是那个年代应对竞争的主要方法。到 20 世纪中期，竞争的主要因素变为质量，通过精益生产方式来削减浪费提高质量成为那个年代企业管理的潮流。进入 21 世纪以后，企业的主要竞争因素变为时间。在客户需要的时候提供正确的产品成为竞争力的关键因素。这要求汽车的制造系统能够在客户需求驱动下柔性地组织生产过程并快速地响应客户需求，即所谓的定制化批量生产，同时要降低多样化成本。信息技术在生产排产、订单执行、自动叫料、质量追溯、防止装配错误和车辆状态跟踪等领域的广泛应用，使得汽车能够在客户订单驱动下进行快速、高质量和低成本的生产。

　　汽车的制造方式从最初的单辆手工生产，到大批量生产，再到精益生产，经历了几个阶段的不断进化。在过去的十多年，精益生产方式所倡导的零库存、零浪费、零缺陷，通过准时制生产(JIT)、生产线均衡化设计、全面质量管理、全员参与和持续改善等手段将汽车的生产制造时间大大缩短。

　　从客户的角度出发，汽车企业的供应链管理必须能够准确地把握各种类型的客户需求

（预测、意向、线索、商机、订单），并在正确的时间开始以正确的数量、正确的质量和正确的成本组织生产正确的产品，并交付到正确的地点。汽车企业不得不在生产多样化产品的同时，实现供应链的高质量、低成本和快速反应。这对汽车企业的供应链管理提出了严峻的挑战。

随着汽车的普及，人们对汽车的了解越来越多，汽车客户会越来越关注汽车的技术及性能指标，例如：汽车的碰撞性能、油耗、转向功能（电子转向还是液压转向）、制动系统功能、安全系统功能，以及方便性功能，如导航、USB、胎压系统、智能钥匙等。这使得汽车企业的竞争从售价竞争到造型和内外饰的感官竞争逐步向技术性竞争发展。

汽车工业已经成为中国经济发展的重要支撑，为社会开辟了广泛的就业市场，汽车类专业也日益成为热门，特别是职业院校的汽车类专业在近年飞速发展。

然而，职业教育作为汽车应用型人才培养的主体仍处于发展初期，汽车应用型人才的供需矛盾日益凸显，特别在专业知识与技能的掌握上，企业希望能找到具备实用性专业知识与技能的员工，而学校现有的汽车制造与装配技术专业教材还停留在介绍汽车生产流水线技术等内容层面上，满足不了汽车制造企业对职业岗位群的需要。

本丛书编写的出发点就是缓解这一矛盾，希望能提供汽车行业系统的实用性知识与技能，将企业所需的部分专业知识、技能的培训过程延伸到学校，为汽车行业培养更多符合实际需要的人才。

本丛书是在广泛而深度调研的基础上，以中国高等职业技术教育研究会"十二五"规划课题"职业院校汽车类专业校企合作专业建设模式研究"（课题编号 GZYGH2011016）为依托，结合企业运作与学生特点编写而成的实用性教材，书中大量知识与技能均来源于企业，其编写方式也充分考虑了职业院校学生的知识背景和学习特点，便于教师授课，实现学生"愿学、易学、实用"的目标。

本丛书不但包含了汽车产品类教材，同时也包含了从采购、制造、销售到管理的整个汽车产业链相关教材，具体如下：

产品类：《汽车品牌文化》《汽车构造》《汽车电器》

采购类：《汽车零部件供应商管理》

制造类：《汽车冲压》《汽车焊装》《汽车涂装》《汽车总装》《发动机及关键零部件制造技术》

营销类：《汽车营销》

管理类：《汽车制造物流与供应链管理》《汽车制造安全管理》《汽车生产中的 IT 技术》《汽车制造质量管理》

本丛书编写采取了职教专家、行业专家、出版社编辑"三位一体"结合的模式，编委会成员来自我国主流汽车企业和汽车院校。

本丛书的特点：

（1）校企人员合作编写，贴合企业的实际岗位需求。

（2）部分教材以情景模式导入，设定的情景多来自企业一线以及教学一线的真实案例。

（3）具有现实性、超前性，强调理论知识与企业实际需要的结合，有极强的针对性。

相信本丛书的出版将对我国汽车类职业教育的发展作出积极的贡献，为我国汽车行业应用型人才的培养作出有益的探索。由于编者经历与水平有限，相关内容还存在不足之处，我们衷心期待各位读者、同仁批评指正，以便再版时修正。

普通高等教育汽车制造与装配技术专业系列教材编委会

前　言

随着我国汽车制造业的迅猛发展，社会迫切需要大量从事汽车制造的专业人员，迫切需要提高这些从业人员的技能操作能力。目前，我国的职业教育处于快速发展阶段，毋庸置疑，职业教育已成为推广职业技能的前沿阵地，许多职业院校的汽车制造与检修专业，将"汽车焊装"作为一门核心专业课程。

本书由实践经验丰富的汽车制造企业技术人员和理论功底扎实的一线职业院校教师共同合作编写，以满足焊装从业人员拓展理论提升技能为目的。从汽车制造生产一线对技工人才的要求出发，本书涵盖了车身结构、车身焊装生产工艺流程、汽车车身电阻点焊工艺、汽车车身CO_2气体保护焊焊接工艺、汽车车身激光焊焊接工艺、汽车包边与滚边工艺、汽车车身其他连接方式、车身焊装生产线、机器人及电气控制、车身焊装生产管理、汽车车身焊装质量控制等内容。其最大特点是，紧密结合实际，资料充实、图表丰富、层次感强，既兼顾了一线工人的生产需要，也考虑了工艺人员设计的需求，实用性强。适合职业院校、职业培训机构及汽车制造从业人员等使用。

本书由罗文智、姚博瀚担任主编，邵枫、肖良师担任副主编，陈维礼担任主审。参加编写的人员还有袁伯新、唐青山、李洪军、王波、刘智、王永华、孙凤锁、禹韶光、程俊、毛飞、黄麟、袁建光、田仁江、赵欢等。本书是编者们多年来实践教学和生产运用的总结，是广大编者们共同智慧的结晶。

此外在本书的编写过程中，还得到了很多单位和个人的大力支持，在此谨向这些关心支持本书编写的单位和个人表示衷心的感谢！

由于编者水平有限，书中难免有错误和不妥之处，恳请读者批评指正。

编　者

目　　录

第1章
车身结构

学习目标 ▶

1. 了解汽车车身结构的分类。
2. 了解汽车车身常用的材料。
3. 知道承载式车身和非承载式车身的区别。
4. 学会辨别车身侧围总成中的 A 柱、B 柱、C 柱等。
5. 掌握车身总成的构成以及各部分的名称。

1.1 概述

汽车焊装的生产任务是生产出合格的汽车车身，这里的汽车车身在乘用车领域通俗地称为白车身。车身分为承载式车身与非承载式车身两种，轿车属于承载式车身。非承载式车身指汽车有一刚性车架，又称底盘大梁架，发动机、传动系统的一部分和车身等总成部件都固定在车架上，车架通过前后悬架装置与车轮连接。非承载式车身比较笨重，质量大，高度高，一般用在货车、客车和越野车上，也有部分高级轿车使用，因为它具有较好的平稳性和安全性。承载式车身指汽车没有刚性车架，只是加强了车头、侧围、车尾和底板等部位，发动机、前后悬架和传动系统的一部分等总成部件装配在车身上设计要求的位置，车身负载通过悬架装置传给车轮。承载式车身除了其固有的承载功能外，还要直接承受各种负荷力的作用。承载式车身不论在安全性还是在稳定性方面都有很大的提高，它具有质量小、高度低和装配容易等优点，大部分轿车采用这种车身结构。

乘用车是在其设计和技术特性上主要用于载运乘客及其随身行李和/或临时物品的汽车，包括驾驶人座位在内最多不超过 9 个座位。乘用车涵盖了轿车、微型客车以及不超过 9 座的轻型客车。乘用车可细分为基本型乘用车(轿车)、多功能车(MPV)、运动型多用途车(SUV)、专用乘用车和交叉型乘用车。本课程内的乘用车将以轿车生产为主要案例进行介绍。

车身结构分为三厢车身、两厢车身、掀背车身、旅行车身、敞篷车身和跑车车身等。

三厢式汽车：轿车的标准形式。我们常见的轿车一般是三厢车，它的车身结构由三个相互封闭用途各异的"厢"所组成：前部的发动机舱、车身中部的乘员舱和后部的行李舱。在国外，三厢车通常叫做 Sedan 或 saloon。目前在国内市场比较畅销的三厢车包括奥迪 A4、A6，宝马 525、740，上海大众帕萨特、朗逸，上汽通用凯越，广汽菲亚特菲翔，广汽本田雅阁，北京现代索纳塔，奇瑞 A5 等。

在国外，两厢车通常叫做 hatchback，也就是掀背的意思，但是这与国内掀背车有所区别。在国内，两厢车是指少了突出的行李舱的轿车，它将乘员舱与行李舱做成同一个厢体，并且发动机独立的布置形式。这种布局形式能增加车内空间，因此多用于小型车和紧凑型车。目前在国内市场比较畅销的两厢车包括大众高尔夫、标致 206、本田飞度、日产骊威和吉利熊猫等。

国外所指的掀背车是那些外形与三厢车相似，也有突出的行李舱，但是整个行李舱盖和后车窗玻璃是一体的能够一起打开的，在国外通常称为 Quickback 或 Fastback，译为"快背"，相对短小的行李舱以及相对动感的尾部线条，让掀背车在视觉效果上更优于三厢车。目前国内市场比较畅销的掀背车包括英朗 GT、福克斯掀背版、大众朗行、广菲致悦、吉利帝豪掀背版和比亚迪 F3R 等。

在英语中，旅行车通常称为 wagon，奥迪称为 Avant，宝马称为 Touring，而奔驰称为 Estate，一般来说大多数旅行车都是以轿车为基础，把轿车的行李舱加高到与车顶齐平，用来增加行李空间。Wagon 的优点就在于它既有轿车的舒适，也有相当大的行李空间。旅行车是在人类崇尚自然、热衷旅游的风潮下衍生出来的一种轿车派生车，与 SUV 和 MPV 相比，它的购买价格和使用成本都比较低，而且具有更灵巧的车身，便于驾驶和停放，因此在经济发达国家(尤其在欧洲)的民众生活中扮演着重要的角色。随着国内消费者物质水平的提高，节假日带着家人，开着旅行车，一起出门远行，已成为都市车族的新时尚。旅行车不仅能够长途跋涉，而且空间足够大，可以携带充足的旅行设备。同时在日常城市生活当中，硕大的行李舱空间也十分实用。目前在市场上比较畅销的旅行车包括迈腾旅行版、昊锐旅行版、沃尔沃 V60 和奔驰 C200 旅行款等。

对于汽车焊装的生产任务来说，以上车型类型仅仅是外形、尺寸的不同而已，但就车身材料、焊接工艺流程、焊接工艺技术、生产设备以及生产组织形式而言，基本大同小异。

1.2 车身材料

汽车车身所使用的主要材料为金属，约占车身总重量的 99.5%，目前市场上的主流车型使用的金属以钢材为主，个别中高级轿车的个别覆盖件采用铝合金材料。车身上除了金属材料外，一般会依照产品设计，对于不易采用焊接方式连接的部位进行粘结剂作业，对于有密封要求的连接处采用密封剂填充，常见的有结构胶、半结构胶、密封胶等。

讲到车身材料，就涉及一个车身安全的话题。大家普遍认为车身使用的钢板越厚，车身的安全系数就越高，但从专业的角度及发展的眼光来看，二者并非存在绝对的必然联系。一个典型的例子是在 20 世纪 80 年代，轿车上普遍采用 2mm 厚的钢材，但当时的车身碰撞结果显示，安全性能并不高。进入到 21 世纪初至今，轿车上普遍采用 0.8～1.5mm 厚的板材，同时，在各项碰撞检测中表现越来越好。究其原因，汽车碰撞安全性与车身结构设计的关系十分密切，优秀的结构设计往往能够确保车身碰撞过程中对乘员的保护效果。随着材料技术的进步，金属材料的延展性、抗拉性得到进一步提高，关键部件的刚性也得到进一步提高，一系列新技术的应用使得车身上钢材得以减薄并提高了安全性(图 1-1)。

图 1-1 一系列新技术的应用使得车身上钢材得以减薄并提高了安全性

1.2.1 镀层钢板

在现代汽车生产中，车身上使用得最多的还是普通低碳钢，低碳钢板具有很好的塑性加工性能，强度和刚度也能满足汽车车身的要求，同时能满足车身拼焊的要求，因此在汽车车身上应用很广（图 1-2）。

图 1-2 低碳钢板

目前镀锌钢材已在汽车行业中被普遍采用，同时，各企业需要在产品与利润之间找到一个平衡点，造成的现状是在高端车型上均采用双面镀锌钢板，在中级家用经济型轿车上不同的厂家有不同的选择，有些车型上普遍采用双面镀锌钢材，有些车型上部分零件（主要是门盖等覆盖件）采用双面镀锌或外表面单面镀锌钢材，入门级轿车普遍采用冷轧钢材，极少一部分零件上采用单面镀锌钢材。镀锌钢材主要采用电镀锌和热镀锌两种镀锌工艺。

电镀就是利用电解，在板材件表面形成均匀、致密、结合良好的金属或合金沉积层的过程。一般电镀锌工艺处理后板材表面的镀锌层厚度为 5～15μm，镀锌层内锌含量约在95%

左右，因为在电镀锌工艺过程中板材处于常温状态，所以也叫冷镀锌。电镀锌的优势是镀层薄、镀锌量少、成本低。

热镀锌也叫热浸锌或热浸镀锌，是一种有效的金属防腐方式，主要用于各行业的金属结构设施，是将除锈后的钢材浸入500℃左右的锌液中，使钢材表面附着锌层，从而起到防腐的目的。热镀锌工艺流程：成品酸洗-水洗-加助镀液-烘干-挂镀-冷却-钝化-清洗-打磨-热镀锌完工。热镀锌是由较古老的热镀方法发展而来的，自从1836年法国把热镀锌应用于工业以来，已经有170多年的历史了。从20世纪70年代末起，伴随着冷轧带钢的飞速发展，热镀锌工业得以大规模发展。热镀锌层一般在35μm以上，甚至高达200μm。热镀锌覆盖能力好，镀层致密，无有机物夹杂，镀层内锌含量大于99%。

1.2.2 轻金属材料

轻金属材料是指用铝和镁及其合金制成的材料。密度小于3.5g/cm^{3}的金属称为轻金属，如铝、镁、铍、锂等，国外把密度为4.5g/cm^{3}的钛也称为轻金属，中国工业界通常只把铝和镁算作轻金属，而把铍、锂、钛等算作稀有金属。

汽车自身重量减小，能耗就会下降，废气排放量减少，有利于改善人类生存环境。与30年前相比，国外汽车自身质量减小20%～29%。未来汽车不管选用何种动力驱动，都必须轻量化，尤以轿车最为突出，轻量化、节能降耗和降低排放污染是轿车发展的三项战略性课题，其轻量化是关键。当今制造汽车用金属材料中，钢铁仍居主导地位。各种类型汽车功能不同，选用的制造材料也各有差异，轿车比载货车轻量化的需求更迫切。20世纪80年代轿车上钢铁材料的比例为70%，90年代下降到60%，2000年为50%左右，当今已达到45%左右，主要原因是使用了较多的轻质材料。

汽车轻量化发展过程的实践证明，采用轻质材料制造汽车是降低汽车质量最有效的途径和手段。轻金属（铝、镁、钛）材料代替钢铁，能有效地减小汽车质量。铝合金代替传统钢铁可使整车质量减小30%～40%，有极好的经济效益和社会效益。据统计，2005年欧洲轿车平均每车用铝量高达119kg，而美国制造的汽车平均每车用铝量将超过130kg，到2008年世界中级轿车平均每车用铝量达到130kg。

在汽车排放法规日趋严格、节能降耗更为迫切的新形势下，世界汽车业又把目光投向更轻的材料。镁是目前工业上应用最轻的金属，它可在铝合金减重基础上再减轻15%～20%。自铝合金和塑料在汽车上应用以来，镁合金已成为汽车轻金属材料的应用重点，汽车用镁量正以年增20%的速度迅速发展。钛合金很受人们关注，它将是在铝和镁合金材料无法满足性能要求的恶劣工况下，取代钢铁的轻量化代用材料。

目前，轻金属在汽车上已呈现出关键零件是应用对象、铸造合金是用材主体、提高性能是选材依据、减轻质量节能是追求目标的用材特点。先进材料推动着汽车轻量化进程，轻质材料是汽车选材方向。

1.2.3 高分子材料、复合材料、异种材料和特种材料

汽车轻量化要求在车身设计过程中，在满足安全要求的前提下尽量多地采用低密度的材料，以塑料件为代表的高分子材料主要应用于车身内外饰件上，但在白车身总成上也有体现。例如车身设计过程中越来越多地采用高强度粘结剂进行连接，这就可以避免因为零件设

计不满足点焊要求而带来更复杂的形面设计，从而减少钢材的使用量。热成形钢材的使用可以大大降低白车身的重量，热成形钢材的抗拉强度可以达到 1500MPa，是普通钢材的 3～5 倍，使用此种材料后，可以在保证强度的前提下降低板材的厚度，减少内加强件的数量，进而降低白车身的重量。

随着材料技术的不断进步，高分子材料、复合材料、异种材料和特种材料会在白车身上得到更为广泛的应用，这是汽车轻量化的趋势与方向。

1.3 车身总成结构

车身总成又叫白车身总成，是指焊装生产任务完结后的最终交付产品，是由车身各分总成通过既定工艺连接而成的。简单来讲，车身总成是车身下部总成（地板总成）与左右侧围总成、顶盖等通过定位焊、激光焊以及结构胶连接后，并将左前门、左后门、右前门、右后门、发动机舱盖、行李舱盖以及左右前翼子板总成通过螺栓紧固联接安装完成之后的产品。

通过流程图（图1-3），可以很明了地看出车身总成与各分总成之间的关系。

图1-3 白车身焊装流程图

通过图1-4，可以直观地了解车身结构的基本组成。

1.3.1 白车身下部总成结构

白车身下部总成又叫做底板总成（图1-5），底板总成在整个车身结构安全性、承载能力中起到关键作用。底板总成包括由左右前纵梁组成的发动机舱分总成、左右后纵梁组成的后底板分总成、乘员舱的承载主体前底板分总成以及车身横向力均匀分配的关键部件左右门槛板。

发动机舱分总成由左前纵梁与前围板组合而成，其中左右前纵梁为主体骨架，前围板起连接作用并使之成为类平行四边形的固定框架，提高了框架的稳定性。一般轿车的发动机均

图1-4 车身结构的基本组成

图1-5 白车身下部总成

安装在发动机舱内,左右前纵梁承载着发动机、蓄电池等轿车内较重的零部件,所以对左右前纵梁自身的强度要求极高,对发动机舱的框架稳定性要求也极高。在汽车出现碰撞的过程中,左右前纵梁又是纵向力的主要承受对象,通过实验测定,约70%的纵向力会由左右前纵梁来承担,所以在车身结构设计过程中对于前纵梁的结构要求十分苛刻,既要具有足够的强度来承载车身及重要零部件的重量,又要具备足够的吸能效果,确保在车身受到正向撞击时,纵梁前端能够出现吸能变形,后端结构稳定以确保乘员舱变形尽量小,进而保护车内乘员。图1-6a所示为发动机舱吸能设计及乘员保护要求,图1-6b所示为碰撞试验实例。

后底板分总成由左右后纵梁与后底板面板组合而成,其中左右后纵梁为主体骨架,后底

图1-6 发动机舱吸能设计及乘员保护要求和碰撞试验实例
a）发动机舱吸能设计及乘员保护要求 b）碰撞试验实例

板面板起连接作用并使之成为类平行四边形的固定框架，提高了框架的稳定性。后纵梁的主要作用是为车身后部的重量承载，为后副车架的安装支撑。同时，后纵梁上的主定位孔与发动机舱的主定位孔成为车身的主定位孔，车身上其他零件的空间坐标均以车身主定位孔为基准。同时在多数轿车中，后底板面板均会有一个凹面，它的作用是为车轮备胎提供放置点（图1-7）。

图1-7 后底板面板均会有一个凹面

前底板分总成由前底板面板与车身座椅横梁连接而成（图1-8），单独的前底板分总成并不具备很强的刚性，但在底板总成上，它连接了发动机舱分总成与后底板分总成，并由左右门槛板起到加强作用后，因此前底板就具有了很强的承载能力。前底板分总成在车身中的位置非常容易找到，就是在驾驶人及乘员的脚下。座椅横梁也叫底板横梁，其主要的作用有两个：一是承载座椅及乘员重量；另一个则是将侧面碰撞力通过其转移到车身未受到撞击的一面，起到分散撞击力

图1-8 前底板分总成由前底板面板与车身座椅横梁连接而成

的作用。其材料和结构和纵梁基本一致，采用C型或D型腹腔设计，以提高其结构强度。前底板面板则是一块或两块大面积的钢板，一般厚度在0.8mm左右，它一般焊接在底板纵

梁的上面、座椅横梁的下面，两侧则和门槛焊接。前底板一般在中间会有凸起结构，一方面是作为消声器以及部分后驱车型传动轴的安装空间，另一方面也起到加强底板的作用。

门槛位于底板总成的两侧、车门的正下方。其作用有两个：一是抵御正面和后面撞击力；二是承担侧面撞击吸能的重任，和车身 B 柱、侧门防撞梁（杆）一起担负起保证侧面安全的重任。门槛的截面形状和底板纵梁的类似，一般由两个高强度钢板冲压成的 C 型钣金件和肋板焊接而成。图 1-9 为不同车型的不同类型的门槛板。

图 1-9　不同车型的不同类型的门槛板

1.3.2　白车身骨架结构总成与安全

白车身骨架总成是由车身底板总成与左右侧围总成通过顶棚总成连接而成，此四大总成连接后形成腹腔型，腹腔的四周各具有高强度的结构件相连形成结构框架，从外形上看，此时一个汽车的外观轮廓已基本形成，但实质上目前仅仅完成车身以确保乘员安全为目的的结构性（图 1-10）。

图 1-10　白车身骨架总成由车身底板总成与左右侧围总成通过顶棚总成连接而成

侧围分总成由侧围外板、侧围内板及其他结构件连接而成（图 1-11），它是 4 个车门安装的支撑基础。由于侧围需要留有乘员出入车身的门洞，并要确保在既定的车身尺寸内预留尽量大的乘员空间，导致侧围的设计结构以细、长、薄为主，这也为侧围的设计、制造工艺提高了难度。一般侧围外板采用 0.6～0.8mm 厚的镀锌钢板进行加工，侧围内板采用 1～2mm 厚的钢板进行加强，同时在对乘员保护要求较高的驾驶人及前排乘客位置使用高强度钢板。

侧围内板　　　肋板　　　肋板　　　侧围外板

侧围总成

图 1-11　侧围分总成是由侧围外板、侧围内板及其他结构件连接而成

一般汽车车身侧围总成中单侧有 3 个立柱(图 1-12),从前往后依次为前柱(A 柱)、中柱(B 柱)和后柱(C 柱),SUV 和 MPV 等部分车型还有另外一根立柱 D 柱。这些立柱除了有支撑车身顶棚、保证车身车顶强度的共同作用外,立柱的刚度又在很大程度上决定了车身的整体刚度,因此在整个车身结构中,立柱是关键件,它要有很高的刚度。除此之外,在设计上它们也有一个共同点,那就是在保证其他条件的情况下,其横截面越大越好。

C柱　　　B柱　　　A柱　　　车身骨架中重要的立柱

图 1-12　汽车车身侧围总成中单侧有 3 个立柱

前风窗玻璃和前车门之间的斜立柱称 A 柱(又称前柱),前车门和后车门之间的立柱称 B 柱(又称中柱),后车门和后风窗玻璃之间的斜立柱称 C 柱(又称后柱)。小轿车的 A 柱、B 柱和 C 柱有不同的功能,但各自又伴随功能有必然的矛盾,比如 A 柱存在视野与刚度之间的矛盾,B 柱存在刚度与便利性之间的矛盾等。

前风窗玻璃和前车门之间的斜立柱称 A 柱。A 柱对于汽车安全起着极为关键的作用,特别是在发生正面碰撞时,强度足够高的 A 柱能够有效地避免变形,从而能够保证乘员在发生事故后顺利打开车门逃生。而现实中,因为 A 柱变形导致车门打不开,乘员被困死在车内的例子比比皆是。另外,拥有较高抗剪强度的 A 柱在轿车追尾大货车时能有效地避免 A 柱被货车尾部切断,从而最大限度保护乘员安全。为此,为保证 A 柱有良好的刚度,就必然要求 A 柱的横截面越大越好。但 A 柱太粗大就会遮挡驾驶人前方左右两侧的视线,增加驾驶人的视野盲区,所以这就产生了一个矛盾:作为驾驶人,希望 A 柱越窄越好;而作为

设计者，则希望 A 柱越粗越好，以保证 A 柱的高刚度，以减小安全风险。

和 A 柱类似，B 柱对整车安全也至关重要，特别是侧面碰撞过程中，B 柱的作用更为重要。和 A 柱相比，虽然 B 柱不存在挡住视野的问题，但其本身却是多个零部件的载体，如前门锁扣、后门铰链、后门限位器和前排座椅安全带都是要固定在 B 柱之上。另外，B 柱的大小还直接影响前后门门洞的大小，从而影响乘员上下车的方便性。和 A 柱一样，B 柱的横截面也是越大越好，因为截面越大，其强度也就越高。但因为受到上述的限制因素，B 柱的横截面也不能做得太大，其更多的也是通过采用高强度钢板和肋板的方式来提高其自身的强度。

和 A 柱、B 柱不同，C 柱的限制条件要小的多，但其对于车身正面或者侧面碰撞的影响也小得多，对其进行的加强更多的是为了车身顶部以及整车刚度的考虑。

顶棚总成也叫车顶总成，是车身的最高点（图 1-13），一般由顶棚外板、2～5 根顶棚横梁组成，前中后车顶横梁将左右侧围 A 柱、B 柱和 C 柱连接在一起。顶棚的强度影响着两个方面：一是顶棚本身强度，二是对于侧面撞击也能通过其顶棚横梁进行分散。

图 1-13　顶棚总成

在 2011 年之前汽车顶部安全问题在国内还是被处于被遗忘的角落。欧美多数国家曾经出台过对汽车车身顶部强度要求的法规，随着因为车辆侧翻而造成人员伤亡事故的增多，参照欧美相应法律法规，我国也正式发布了 GB 26134—2010《乘用车顶部抗压强度》标准，该标准要求车辆的顶部在承受 1.5 倍车身重量载荷的情况下，车身顶部变形量不得超过 127mm。

但由于车身顶部所处的特殊位置，加强空间很有限。在车顶总成中，顶棚是外覆盖件，料厚一般在 0.6～0.8mm，基本不能提供多大的强度，其车顶强度主要由车顶横梁来承担，而由于其布置空间有限，一般都是采用高强度的钢板冲压成具有加强作用的 C 型结构。车顶横梁一般由前横梁、若干中横梁和后横梁组成。其中，前横梁连接左右 A 柱，前部和前风窗玻璃相连。后横梁连接左右 C 柱或 D 柱，其中，三厢车的后横梁要和后风窗玻璃相连，而两厢车的后横梁则是后尾门铰链的安装支撑件。一般而言，现代汽车一般都会有 1～3 根中横梁，其中一根用于连接左右 B 柱，以便和左右 B 柱、底板横梁一起形成一个完整的加强圈，更好的抵御侧面撞击。带天窗的车型虽然因为天窗的原因会导致车顶强度偏弱，但天窗周围有一圈肋板，弥补了其强度不足的缺陷。说到这个地方，就有必要说到现在很流行的全景天窗，现在一些车型将全景天窗作为一个很有优势的个性配置来宣传。而采用全景天窗的车型顶部只有前后两个横梁，是不是意味着其车顶强度不够？这其实也未必，因为采用全景天窗的车型虽然取消了中部横梁，但其前后横梁则要做得更为强大，所以不能一口判定采用全景天窗的车型车顶强度就低。

1.3.3 白车身总成结构

白车身总成是指已完成焊接且未进行喷涂的车身总成（图1-14），它是白车身骨架总成与各覆盖件总成通过螺栓联接后的最终交付产品。白车身的作用就是在吸收汽车动能的同时减缓车内乘员的移动程度，保证乘员有足够的生存空间。从这点就可以看出，一个性能优良的白车身应该具有两大特点：一是具有足够大的吸能空间，以便将碰撞的能量吸收掉，这要求白车身的某些部件要足够软；二是有足够大的坚固、不可变形的空间，以便保护好乘员安全，这则要求白车身某些部分要足够硬。

图1-14 白车身总成是指已完成焊接且未进行喷涂的车身总成

在白车身总成中，前纵梁的三区设计已经确保了车身吸能对驾乘人员的保护功能，但汽车在行驶的过程中还需要注意对路面行人的保护功能，这就要求车身总成中最易与行人发生碰撞的发动机舱盖的设计需要有行人保护功能。发动机舱盖一般由发动机舱盖外板、内板、铰链加强板和舱盖锁加强板组成。其中，外板是表面覆盖件，主要起到美观的作用；而铰链肋板和舱盖锁肋板只是作为局部加强件；内板则是最为关键的部件了，内板一般是0.8mm的钢板，在设计时会在内部沿着车身宽度方向开一道伸缩槽，以便在汽车发生正面碰撞时发动机舱盖能沿此槽向上折弯变形，在吸收部分能量的同时还可以防止发动机舱盖受力后向后切入乘员舱伤害驾乘人员。

图1-15 车门总成

车门总成一般分为内板和外板两部分（图1-15），外板采用0.6~0.8mm厚的镀锌板材，内板一般采用1~1.5mm厚的高强度或超高强度钢材作为骨架加强作用。车门的好坏主要体现在车门的防撞性能、车门的密封性能和车门的开合便利性，当然还有其他使用功能的指标等，防撞性能尤为重要，因为车辆发生侧撞时，缓冲距离很短，很容易伤到车内人员。因此，好的车门内至少会有两根防撞杠，防撞杠的重量是较重的，也就是说，好的车门偏重些，但并不能说车门越重就越好。现在的新型汽车，如果在安全性能等能保证的前提下，设计师都会想方设法减轻车辆包括车门的重量（如用新型的材料）来减少功耗。

各覆盖件与车身骨架总成为螺栓联接，这与大家直观上认为汽车焊装基本上都是以焊接工艺连接的第一印象会有所差异。螺栓联接的拧紧力矩一般在 $20\sim50N\cdot m$ 之间，但在汽车焊装内进行紧固的螺栓一般都会成为车身内螺栓联接安全级别要求较高的紧固点。

本 章 小 节

1. 车身分为承载式车身与非承载式车身两种，车身结构可分为三厢车身、两厢车身、掀背车身、旅行车身、敞篷车身、跑车车身等。

2. 汽车车身所使用的主要材料为金属，随着汽车轻量化的发展趋势，高分子材料、复合材料、异种材料和特种材料会在车身上得到更为广泛的应用。

3. 车身总成是由车身下部总成（底板总成）与左右侧围总成、顶盖等通过点焊、激光焊以及结构胶连接后，并将左前门、左后门、右前门、右后门、发动机盖、行李舱盖以及左右前翼子板总成通过螺栓紧固联接安装完成之后的产品。

4. 一般汽车车身侧围总成中单侧有三个立柱，从前往后依次为前柱（A 柱）、中柱（B 柱）和后柱（C 柱），SUV 和 MPV 等部分车型还有另外一根立柱 D 柱。这些立柱除了有支撑车身顶棚、保证车身车顶强度的共同作用外，立柱的刚度又很大程度上决定了车身的整体刚度。

复习思考与练习

1. 想一想

1) 周围亲戚朋友的汽车归属于哪一类？未来你想拥有哪一类的汽车？
2) 你印象中车身材料包括哪些？
3) 成卷的板材是怎么变成车身的？
4) 交通事故中，车身前端撞得一团糟，但驾驶人安然无恙，你能解释其中的原因吗？
5) 什么叫视野盲区？如何规避视野盲区所带来的风险？

2. 做一做

1) 什么叫非承载式车身？什么叫承载式车身？
2) 轿车按车身结构分为哪几类？试解释什么是三厢车和两厢车。
3) 什么叫车身总成？通常由哪几部分组成？
4) 一般汽车车身侧围总成中存在 3 个立柱，分别称为什么？并指出其定义。
5) 白车身有哪些特点？

第2章

车身焊装生产工艺流程

学习目标 ▶

1. 了解车身总成焊装生产工艺流程。
2. 学会车身侧围焊装工艺分析。
3. 知道底板分总成焊装工艺流程。
4. 掌握主线生产工艺流程、各分总成的名称与构成。

2.1 主线生产工艺流程

汽车焊装主线是把侧围分总成线、底板分总成线、由小件焊接而成的车体钣金合件及顶盖，通过传输装置、夹具、合装台等设备定位后，焊接合装，完成白车身组焊的总成线，是车身焊装生产线的核心部分（图 2-1）。

前底板分总成 ——
前内挡泥板总成 ——
前轮胎挡泥板总成 ——
前围板总成 —— ———— 前端分总成 ——
散热器罩总成 —— ———————————————— 底板分总成 ——
中底板分总成 ——
后底板分总成 ——
门框总成 ——
后轮胎挡泥板总成 ——
后翼子板总成 —— ———————————— 侧围分总成 —— —— 车身总成
顶盖侧流水槽 ——
门锁加强板 ——
前风窗玻璃下盖板总成 ——
后围上盖板总成 ——
后围下盖板总成 ——
仪表板总成 ——
顶盖总成 ——

图 2-1 汽车焊装主线

车身壳体是由薄钢板组焊而成的复杂结构件，一辆车身由数百个钣金冲压件经定位焊、气体保护焊、钎焊及粘接等工艺组装而成。汽车车身钣金件的焊装是按一定的先后顺序进行的，具有明显的程序性。车身生产工艺流程：车身部件由升降传输辊床运输到工位内部，到位之后，由车身焊接定位夹具将车身侧围、顶盖横梁和车体主结构定位夹紧，然后机器人用定位焊焊枪对车身进行定位焊接。焊接结束之后，夹具打开，车身再由升降辊床运输到下一个工位。

车身工段的焊接多采用自动线，其生产工艺流程如图 2-2 所示。

图 2-2　车身工段的焊接生产工艺流程

车身工段一般包括左右侧围分总成线、前后围分总成线及主线。侧围内板线生产侧围内板分总成提供给侧围线生产侧围分总成。主线接收来自底板工段的底板分总成，与侧围分总成、前后围分总成、仪表板上盖板和后闭合板外板通过机器人进行预装，预装流程如图 2-3 所示。

预装采用搭扣将左右侧围挂载在底板上再通过辊床运送到人工上件工位，进行顶篷横梁的装配。最后将预装完成的车身骨架运送到主线最关键的一个工位——车身总拼工位。总拼工位用夹具将各部分总成零件进行精准夹紧定位，焊枪机器人通过两次焊接(第一次为定位焊,第二次为补焊)形成一个车身骨架。

由于车身工段焊点数量较多，无法在一条生产线上完成，所以车身工段一般含有多条主线。主线一完成车身骨架的焊接，主线二对车身骨架进行补焊及后闭合板外板和承重梁定位焊和补焊，主线三完成顶篷在车身上的焊接，其中侧围与底板搭接的部分区域以及承重梁的焊接的部分区域等因焊枪无法达到，一般采用 CO_2 气体保护焊进行焊接，CO_2 气体保护焊是利用焊丝与工件之间产生电弧的热量，熔化焊丝与工件形成焊缝，通过 CO_2 气体作保护，把电弧和熔池与空气隔离开来的一种焊接方法，简称 CO_2 焊。CO_2 气体保护焊在汽车车身制造过程中主要运用在两个方面：一是不能进行定位焊的位置，二是对焊接强度要求比定位焊强度高的位置。

为了对车身的几何精度进行实时全面的监控，一般在主线会采用在线测量。在线测量是

预装前　　　　　　　　　　　　　　　　　　　　预装中

预装后

图 2-3　预装流程

运用激光技术对车身进行几何测量，将测量数据与标准数据进行对比并反馈对比结果。从而实现对车身几何精度 100% 的监控。在线测量分为机器人式和固定侧头式（图 2-4a 和图 2-4b）。机器人式适用于共线多车型进行测量，固定侧头式精度高，但一般只针对一款车型。

机器人式在线测量　　　　　　　　　　　　固定测头式在线测量

a)　　　　　　　　　　　　　　　　　　　　　　b)

图 2-4　在线测量

主线三主要完成顶篷的焊接。顶篷的焊接有的采用电阻定位焊，但目前较为先进的技术是激光钎焊（图 2-5）。钎焊是利用熔点比被焊金属低的钎料熔化后依靠毛细管作用填满焊缝间隙，并与线材之间相互扩散实现连接的一种焊接方法。钎焊与熔焊的主要不同之处在于：钎焊时只有钎料熔化，被焊金属不熔化（熔焊时被焊金属熔化），液态钎料依靠润湿作用和毛细管作用进入两焊件之间的间隙内，依靠液态钎料和固态金属的相互扩散而达到原子结合。

图 2-5 激光钎焊

为了保证激光钎焊焊缝的美观，主线三会设置一个专门对焊缝进行自动打磨的工位，该工位可以同时对顶篷前后端进行定位焊的补焊和激光钎焊的打磨。左右各一台装有打磨片的机器人以设定的轨迹和速度对焊缝进行打磨，打磨完成后车身被送到下一个工位进行自动检测焊缝质量，并在主线三车身交付区域通过显示屏显示检测结果，工人通过检测结果来判定是否需要对焊缝进行返修。同时工人也会对车身外观面和激光钎焊焊缝进行目视检查，对于外观面不合格的车身，工人在车身上做好标识，提醒调整线员工进行返修，激光钎焊焊缝不合格的需在该线体交付区域用人工 TIG 焊进行返修。外观面或者激光钎焊焊缝有严重缺陷，返修时间较长时，车身需下线返修。检查合格的车身将被输送到下一生产线线体。

2.2 白车身底板分总成焊装生产工艺流程

2.2.1 底板分总成结构

底板分总成一般由前舱分总成、后底板分总成、前围挡板分总成、前底板分总成、中后底板分期付款总成及一些散件拼焊而成，如图 2-6 和图 2-7 所示。

前底板分总成 ——
前内挡泥板总成 ——
前轮胎挡泥板总成 ——
前围板总成 —— 前端分总成 ——
散热器罩总成 —— —— 下车体总成结构
中底板分总成 ——
后底板分总成 ——

图 2-6 底板分总成焊装线

2.2.2 底板分总成焊装工艺

整车厂根据对车身强度、加工精度及外购成本的控制要求决定车身工件的加工深度。为

图 2-7　底板分总成焊装流程

了有效地监控下车体加工精度和强度，广汽菲亚特 343 车型下车体对 7 个安全用分总成工件采用内做模式：左右前纵梁、左右后纵梁、前底板、中后底板、前围挡板。这 7 个分总成工件是由 5 条手动线加工而成，分别向 3 条自动线（前舱线、后底板线、底板线）提供工件，并拼焊成下车体总成。

1. 前舱线

左右前纵梁总成及两个连接横梁通过定位焊和涂胶工艺连接成前舱总成，通过机器人将前舱总成搬运到空滑橇上，带有前舱总成的滑橇经过空中输送线输送到后底板线线尾。空中输送的模式能有效的利用厂房空间，并满足缓存量，减少因设备故障对其他线体的影响。

2. 后底板线

左右后纵梁及其他散件通过 13 台机器人完成定位焊和涂胶工艺，最后由机器人将后底板总成搬运到带有前舱总成的滑橇上。

3. 底板线

底板线采用的是固定夹具定位、辊床输送和机器人搬运涂胶焊接的模式，将各个分总成零件通过机器人搬运到固定夹具上焊接下车体总成。这种模式具有车型切换时间短、设备控制简单、投资维护成本低等特点，但其设备运行时间较长，节拍内的有效焊接时间相对会减少。

完成所有焊接后的下车体，将通过机器人在下车体总成上完成车身螺柱的焊接。螺柱自动焊工艺能充分保证螺柱的焊接质量和位置精度，并显著降低人力成本和劳动强度，提高焊接效率。

在底板线上设置有下车体检查工位，通过人工检查记录，能有效的发现问题，防止不良零件的流出。线尾设置的在线测量工位，通过机器人激光测头对下车体关键测量特征 100% 的实时监控和数据采集，有效地控制批量不良零件的产生和流出。

2.3　白车身侧围分总成焊装生产工艺流程

2.3.1　侧围的组成

侧围整体上可按侧围外板分总成和侧围内板分总成来划分(图 2-8)，也可按部件分为 A 柱、B 柱、C 柱和门槛等(图 2-9)。

图 2-8　侧围的组成 1　　　　图 2-9　侧围的组成 2

从设计角度来讲，侧围内板的强度远大于侧围外板，在两构件焊接时，由于钣金冲压、焊接等方面的制造偏差，外板就有可能被内板强制拉伸变形，因此在制定焊装生产工艺时需引起重视。

2.3.2　侧围焊装工艺分析

焊装工艺主要包括 3 个方面：焊接定位、焊接翻边和焊接顺序。侧围部件焊接时通常以孔为定位基准，定位孔通常要求平行于坐标平面，有翻边要求时，焊点距离焊件的边沿通常不小于 12mm，最好 15mm 以上，便于翻边。焊接顺序根据设计工艺而定，不同的厂家稍有不同。

1. 焊接结构分析

在钣金件焊装工艺制定时，多使用两层板定位焊，减少 3 层板焊接，杜绝 3 层以上板件搭接定位焊。此外在同道工序，能够使用同一型号焊钳焊接的焊点，焊接料厚尽可能接近，以便于参数的统一，定位焊搭接料厚度要求见表 2-1。

表 2-1　定位焊搭接料厚度要求

搭接形式	材料	单层料厚要求/mm	合计料厚要求/mm
两层板搭接	均为镀锌钢板	较薄板≤1.8	—
	均为低碳钢板	较薄板≤2.0	—
3 层板搭接	均为镀锌钢板	较厚板≤2.0	≤3.6
	均为低碳钢板	较厚板≤3.0	≤5.0
3 层板以上	不允许		

　　此外，考虑到三层板定位焊过程中熔核偏移对焊接质量的影响，在设计中尽量采用表 2-2 中搭接状态 1 的形式。

表 2-2　搭接状态

项目 序号	搭接状态	说明	料厚要求
1		薄板在中间、厚板在两侧	1. 最薄料厚/最厚料厚≥1/3 2. 侧围最薄料厚/其余两料厚之和≥1/4
2		厚板在中间、薄板在两侧	
3		薄板、厚板按顺序叠加	

2. 熔核布置分析

　　熔核的布置受点焊分流和制件结构的限制。当焊件厚度增大时，熔核间允许的最小间距及焊点中心到制件圆弧或边缘的最小间距就会相应增大，否则，会影响总成熔核焊接强度，具体参数见表 2-3。

表 2-3　定位焊具体参数

钢板厚度 t/mm		定位熔核 直径 d_L/mm	最小间距 e/mm
t_1	t_2	$d_L = 5 \times t_1^{1/2}$	$e = 3d_L$
0.5	0.6	3.5	10.5
0.6	0.8	3.9	11.7
0.8	1.0	4.5	13.5
1.0	1.2	5.0	15.0
1.2	1.5	5.5	16.5
1.5	1.6	6.1	18.3
1.6	2.0	6.3	18.9
2.0	2.5	7.1	21.3
2.5	3.0	7.9	23.7

3. 熔核搭接边分析

　　搭接边(b)是焊接凸缘接触表面的宽度。接触平面之间必须相互平行且搭接在一起。定位焊搭接边宽度的设定原则：定位焊接头的最小搭接边宽度如图 2-10 所示，最小搭接边宽度 $b = 4 \times t_2 + 8$（当 $t_1 < t_2$ 时，按 t_2 计算），其中 b 为搭接边宽度，t 为母材板厚。

　　侧围分总成焊装通常采用自动化生产线，在焊接夹具、顶升机构和输送机构等的配合下，由点焊机器人或人工完成焊接工作。

图 2-10　定位焊接头的最小搭接边宽度

2.4 白车身总成焊装生产工艺流程

车身装配线是完成白车身总成结构的最后一条线。在国内，线体一般采用人工操作安装，辊床输送流动的方式，国外一些自动化较高的整车厂也有全自动化装配的线体设计。车身装配线主要完成的工艺包括四门铰链安装、四门安装、行李舱盖安装、左右翼子板安装、发动机舱盖安装。

工艺流程简介：

1）四门铰链及四门安装。值得注意的是，后门安装在前，前门安装在后，因为后门的装配间隙段差标准以车身为基准，前门的装配间隙段差标准需要以后门及车身为基准。

2）行李舱盖安装。

3）左右翼子板安装。值得注意的是，左右翼子板安装必须在前门安装之后，因为翼子板的装配间隙段差标准以前门及车身为基准。

4）发动机舱盖安装。值得注意的是，发动机舱盖的安装必须在左右翼子板之后，因为发动机舱盖与翼子板的间隙段差标准以翼子板及车身为基准。

定位方式简介：

装配线上的各工件装配方式均采用双定位系统（图2-11），即一套夹具上有两套定位系统A和B，定位系统A用于将夹具定位到车身，定位系统B用于定位装配工件。定位系统B相对于定位系统A浮动，也就相当于装配工件相对于车身浮动，因此，定位原理就是通过调整定位系统B和定位系统A的相对位置来实现装配零件和车身的相对位置的调整。

图2-11 装配线上的各工件装配方式均采用双定位系统

本章小节

1. 汽车焊装主线是车身焊装生产线的核心部分，它是把由前后围分总成线、左右侧围分总成线以及底板分总成线及顶棚焊接合装完成车身组焊的总成线。

2. 底板分总成一般由前舱分总成、后底板分总成、前围挡板分总成、前底板分总成、中后底板分总成及一些散件拼焊而成。

3. 车身侧围分总成焊装工艺主要考虑三个方面：焊接定位、焊接翻边、焊接顺序，兼顾焊接结构、焊点分布、焊点搭接边等。

4. 车身总成焊装生产线主要完成的工艺包括：四门铰链安装、四门安装、行李舱盖安装、左右翼子板安装、发动机盖安装等。

复习思考与练习

1. 想一想

1）部分汽车的上门踏板在白车身中属于哪一部分？汽车天窗又属于哪一部分？

2）白车身是如何制造而成的？

3）汽车白车身上是焊点多好还是焊点少好？

4）为什么有些车有 C 柱有些车没有？

5）白车身四门两盖安装顺序是否可以混乱？如果混乱会产生什么后果？

2. 做一做

1）汽车焊装主线主要做些什么？它在车身焊装中的地位是什么？

2）CO_2 气体保护焊在汽车车身焊装中的运用主要在哪些方面？

3）底板总成分为哪几个部分？

4）侧围焊装工艺包括哪几部分？具体内容有哪些？

5）车身装配线主要完成的工艺有哪些？并简介工艺流程。

第 3 章

车身电阻点焊工艺

学习目标 ▶

1. 了解电阻点焊在汽车车身中的运用。
2. 了解电阻点焊电极的材料。
3. 知道电阻点焊在针对不同材料时进行工艺参数的选择。
4. 理解电阻点焊的基本原理及其优缺点。
5. 掌握电阻点焊的工艺参数及点焊焊钳的类型、特点等。
6. 掌握电阻点焊的质量控制。

3.1　电阻点焊的基本原理

3.1.1　概述

1. 电阻点焊的定义

电阻点焊是电阻焊的一种，电阻点焊是对两层或两层以上的金属板材装配成搭接接头，加压并保持一定时间，同时通过利用电流流经工件接触表面及邻近区域产生的热量熔化母材金属，形成熔核的焊接方法，如图 3-1 所示。

图 3-1　电阻点焊

电阻点焊是一种高速、经济的焊接方法，它适用于制造接头不要求气密、厚度小于3mm、冲压或轧制的薄板搭接构件，广泛用于汽车生产、摩托车制造、航空航天工业和军事等领域。由于电阻点焊应用广泛，对其质量要求更加严格。随着电子技术的发展和大功率可控硅、整流器的开发，给电阻点焊技术的提高提供了条件。国内已生产了性能优良的次级整流焊机。由集成电路和微型计算机构成的控制箱已用于新焊机的配套和老焊机的改造，使得电阻点焊的自动化更加成熟。目前，在汽车生产中车身上大约有 90% 的焊接都是点焊，每辆车都有 4000 个左右熔核，因此点焊技术对车辆的生产起着十分必要的作用。

2. 电阻点焊的分类

电阻点焊按供电方式不同分为单面点焊（只从工件一侧供电）和双面点焊（从工件两侧供电），如图 3-2 所示；按一次形成熔核的数量分为单点定位焊和多点定位焊（使用两对以上的电极，在同一工序上完成多个熔核的焊接）；按照电流脉冲不同分为单脉冲定位焊（每一个熔核需要一次连续通电完成焊接）和多脉冲定位焊（多次通电完成焊接）。

单面定位焊　　　　双面定位焊

图 3-2　电阻点焊的分类

3. 电阻点焊的优缺点

（1）电阻点焊的优点

1）熔核形成时始终被塑性环包围，熔化金属与空气隔绝，冶金过程简单。

2）加热时间短，热量集中，故热影响区小，变形与应力也小，通常在焊后不必安排校正和热处理工序。

3）不需要焊丝、焊条等填充金属作焊接材料，焊接成本低。

4）操作简单，易于实现机械化和自动化，改善了劳动条件。

5）生产率高，且无噪声及有害气体，在大批量生产中，可以和其他制造工序一起编到组装线上。

（2）电阻点焊的缺点

1）点焊因在两板焊接熔核周围形成夹角，致使接头的抗拉强度和疲劳强度均较低。

2）设备功率大，机械化、自动化程度较高，使设备成本较高、维修较困难，并且常用的大功率单相交流焊机不利于电网的平衡运行。

3）目前还缺乏可靠的无损检测方法，焊接质量只能靠工艺试样和工件破坏性试验来检查，靠各种监控进行技术保证。

3.1.2　电阻点焊的基本原理

1. 焊接循环

电阻点焊的焊接循环是指工件中产生某一个熔核的全部过程，包括预压阶段、焊接时间、断电锻压和休止时间 4 个部分组成。预压阶段：将待焊接的两个焊件搭接起来，置于上、下铜电极之间，然后施加一定的电极压力，将两个焊件压紧；焊接时间：焊接电流通过工件，由电阻热将两工件接触表面加热到熔化温度，并逐渐向四周扩大形成熔核；断电锻压：当熔核尺寸达到所要求的大小时，切断焊接电流，电极压力继续保持，熔核在电极压力作用下冷却结晶；休止时间：熔核形成后，电极提起，去掉压力，到下一个待焊位置压紧工件的时间。休止时间只存在于焊接循环重复进行的场合。

2. 焊接热的产生及影响因素

（1）热量的产生　点焊时产生的热量由式（3-1）决定：

$$Q = I^2 RT \tag{3-1}$$

式中　Q——产生的热量(J)；

I——焊接电流(A)；

R——电极间电阻(Ω)；

T——通电时间(s)。

图 3-3　电阻的组成

(2) 电阻的组成　电阻 R 是由两焊件本身电阻、焊件之间的接触电阻、电极与焊件之间的接触电阻组成，如图 3-3 所示。

$$R = 2R_{\mathrm{w}} + R_{\mathrm{c}} + 2R_{\mathrm{ew}} \tag{3-2}$$

式中　R_{w}——焊件本身电阻；

R_{c}——焊件间的接触电阻；

R_{ew}——焊件与电极间的接触电阻。

1) 焊件间接触电阻 R_{c}。定位焊电极压力下所测定的接触面处的电阻值存在原因如下：

① 焊件表面氧化膜或污物层，使电流受到较大阻碍，过厚的氧化膜或污物层会导致电流不能导通。

② 焊件表面是凹凸不平的，使焊件在粗糙表面形成接触点，在接触点形成电流线的集中，因此增加了接触处的电阻 R_{c}。

2) 焊件本身电阻 R_{w}。电流通过焊件而产生的电阻热与焊件本身电阻有关，该电阻按式(3-3)计算：

$$R_{\mathrm{w}} = K\rho(\delta_1 + \delta_2)/S \tag{3-3}$$

式中　ρ——焊件电阻系数，ρ 一般随温度升高而增大，故加热时间越长，电阻越大，产热越多，对形成熔核的贡献越大；

δ_1、δ_2——两焊件厚度(mm)；

S——对应于电极接触面积(mm^2)；

K——考虑电流在板中扩散的系数 $K < 1$，K 仅与电极与焊件的几何形状有关。

3) 电极与焊件间的接触电阻 R_{ew}。电极与焊件间的是一种附加电阻，通常是指在点焊电极压力下所测定的接触面(焊件–电极接触面)处的电阻值。

(3) 影响因素

1) 电流的影响。由式(3-1)可知，电流对产热的影响比电阻和时间的影响都大，在点焊过程中它是一个必须严格控制的参数。电流对熔核剪切强度的影响：随着电流的增加，熔核尺寸及强度迅速提高，相当于非熔化焊接。过大的焊接电流会引起飞溅(产生内部孔洞)、焊接裂纹、压痕过深等缺陷，并导致接头强度下降，引起电极过热，加速电极损坏。

2) 焊接时间的影响。焊接时间对熔核强度影响与焊接电流的影响类似。为了保证熔核尺寸和熔核强度，焊接时间与焊接电流在一定范围内可以互为补充。为了获得一定强度的熔核可以采用大电流和短时间，也可以采用小电流和长时间。选取的原则取决于金属的性能、强度和焊机的功率。

3) 电极压力的影响。电极压力影响接触电阻，进而影响接头强度。随着电极压力的增大，接触电阻减小，此时焊接电流虽略有增大，但不能补偿由于接触电阻减小而引起产热的减小，因此熔核强度总是随着电极压力的增大而减小。为保证熔核强度不变，在增大电极压力的同时，应增大焊接电流和延长焊接时间，采用这种焊接条件有利于提高熔核强度的稳定性。电极压力过小，将引起飞溅，也会使熔核强度降低。

4）电极的影响。电极的接触面积影响电流密度的大小，从而影响熔核尺寸。电极材料要求良好的导电导热性能，同时应具有一定的强度和硬度以防止焊接压力作用下产生变形和磨损。随着电极的变形和磨损，接触面积增大，熔核强度降低。

5）工件表面状态的影响。工件表面的氧化物、污垢、油和其他杂质影响接触电阻的大小，过厚的氧化层会使电流不能通过。局部的导通会使电流密度过大，产生飞溅或表面烧损。表面不均匀的氧化层、锈皮及杂质会使接触电阻的变化，引起焊接质量的波动。因此为了获得优质的熔核，焊前必须彻底清理。

6）母材成分的影响。材料的成分决定着材料的熔点、熔化潜热和热传导率等性能，因而决定着为了熔化母材形成熔核所需热量的多少。然而一般情况下，对于大多数金属材料来说，每单位物质加热到熔点所需的热量基本相同，所以电阻率和热传导率成为主要影响因素。如铝的热传导率是不锈钢的 10 倍，在电极及熔核周围金属的热量损失要比不锈钢的大得多，因此焊接电流要比不锈钢的大很多。

3.2　电阻点焊的焊接材料

点焊的电极在焊接过程中同时负责向焊接区传输电流和压力、调节和控制电阻焊加热过程中的热平衡，并将工件定位、夹持于适当位置的作用。电极质量将直接影响焊接过程、生产率和焊接质量，所以对电极既要有很好的导电性能，又要有一定的强度和耐磨性能。由于焊接的温度很高，所以还要求电极有足够的高温硬度与强度，再结晶温度高，有高的抗氧化能力，与焊件材料形成合金的倾向小。

1. 电极的材料

第一类：导电最好、强度最差，适用于要求电流密度高但高温强度差的焊件，例如铝合金等。

第二类：具有较高的电导率、硬度高于一类合金。这类合金可通过冷作变形与热处理相结合的方法达到其性能要求。与一类合金相比，它具有较高的力学性能，适中的电导率，在中等程度的压力下，有较强的抗变形能力，因此是最通用的电极材料，广泛地用于焊接低碳钢、低合金钢、不锈钢、电导率低的铜合金以及镀层钢等，导电适中、强度也适中，适用于大多数材料，在汽车行业中采用的此类铜合金有 Cr—Cu 及 Cr—Zr—Cu 等。

第三类：这类合金具有更高的力学性能和耐磨性能，软化温度高，但电导率较低，因此适用于焊接电阻率低和高温高强度的材料，故常用于焊接强度及硬度较高的不锈钢、高稳合金等，见表 3-1。

表 3-1　适用于焊接强度及硬度较高的不锈钢、高稳合金

材料名称	化学成分（%）	材料性能			适用范围
		硬度/HV30kg	电导率/（s/m）	软化温度/K	
纯铜	Cu > 99.8	50 ~ 90	56	423	适合制造焊接铝及铝合金的金属及镀层钢板的电极
镉铜	Cd0.7 ~ 1.3	90 ~ 95	43 ~ 45	523	
钴铌铜	Zr0.1 ~ 0.25	107	48	773	

2. 点焊电极结构

点焊电极由端部、主体、尾部和冷却水孔 4 部分组成，端部是直接和高温工件接触的部位，要求其具有承受高温高压能力和抗氧化能力；主体和尾部起到连接和固定作用；冷水孔则将冷却液直接输送到电极各个部位。

电极的端面直接与高温材料表面接触，在焊接生产中反复承受高温高压，因此粘附、合金化和变形是电极设计中应该考虑的问题。而粘附和合金化与电极和工件材料的亲和力有关，变形抗力取决于材料的强度和硬度，但端头的尺寸也有很大的影响。按端部形状的不同，标准电极分为平面电极、锥形电极、夹头电极、球面电极和偏心电极 5 种，如图 3-4 所示。考虑到散热和变形抗力，通常锥形电极顶角不小于 120°，边缘要倒圆。而电极端面的直径 d 和球面半径 SR 取决于工件的厚度和熔核的尺寸。

a) 锥形电极   b) 夹头电极   c) 球面电极   d) 偏心电极   e) 平面电极

图 3-4   标准电极形状
1—端部   2—主体   3—尾部   4—冷却水孔

为了满足特殊形状工件点焊的要求，有时需要设计特殊形状如图 3-5 所示。图 3-5a 所示为普通弯电极；图 3-5b 所示为尾部和主体上刻有水槽的弯电极，目的是使冷却水流到电极的外表面，以加强电极的冷却，这种电极常用于不锈钢和高温合金钢的焊接；图 3-5c 所示为增大横断面的电极，目的是加强电极端面向水冷部分散热。

a) 普通弯电极   b) 尾部和主体有水槽的弯电极   c) 增大横断面的电极

图 3-5   特殊形状的电极

3.3   电阻点焊的设备及辅助工具

电阻点焊设备在汽车生产中主要分两类：悬挂式点焊焊机和机器人点焊设备。悬挂式点焊焊机由焊钳、焊机变压器、焊机控制器、水冷却系统、气动加压系统和悬挂装置等部分组成，根据焊臂的动作分为 X 型与 C 型两种；机器人点焊设备主要由点焊控制器、焊钳(包括阻焊变压器)及水、电、气等辅助部分组成。

悬挂焊是采用工件不动、焊钳移动的焊接方式，主要用于焊接一般固定式焊机不能或不便焊接的低碳钢、低合金钢、不锈钢、镀层钢、板材及圆钢。而焊接机器人则采用焊钳和工件都运动的焊接方式，其自动化和劳动强度都得到了很大的改观，所以焊接机器人在现代工业生产中得到了广泛的应用，特别是在汽车生产中应用尤为广泛。

3.3.1　焊钳

1. 焊钳的概述

点焊机的焊钳由定焊臂、动焊臂、定电极、动电极、机体、悬臂、手柄、焊接启动开关、气缸和辅助行程开关等组成，如图 3-6 所示。焊机主要分为 X 型和 C 型。

1—定电极　2—动电极　3—定焊臂　4—动焊臂　5—机体　　　　1—定焊臂　2—定电极　3—动电极　4—动焊臂　5—机体
6—吊臂　7—转环　8—变压器　9—手柄　10—辅助行　　　　　6—吊臂　7—转环　8—气缸　9—手柄　10—辅助行
程开关　11—焊接启动开关　12—气缸　13—电缆束　　　　　程开关　11—焊接启动开关　12—变压器　13—电缆束

图 3-6　焊机基本结构形式及主要构成

X 型悬挂焊机的焊臂能像剪刀一样张开和闭合，该类焊机适用于尺寸大且焊接位喉深大的工件焊接，其常用焊臂长度有 330mm、420mm、500mm、600mm，最长可达 1200mm，特殊的还可定制。

C 型悬挂焊机静止的焊臂似 L 状，另一焊臂垂直于 L 型焊臂的短边，两条焊臂构成的包围圈在没有闭合时像字母"C"因此而得名。此类焊机适用于工件大但焊接位喉深不大、对焊接速度要求较高的情况，例如风管口里管道与法兰角铁的焊接。

2. 焊钳的分类

焊钳的分类方法有很多种，按应用场合可分为便携式焊钳、自动平衡焊钳和机器人焊钳 3 大类。

(1) 便携式焊钳　便携式焊钳是用于手工操作的焊钳，结构简单、重量轻、灵活方便，主要有普通型和一体化型两大类。普通型是指焊钳与阻焊变压器分离，操作性能好，维修简单，产品较为成熟；一体化型是指焊钳与阻焊变压器安装在一起，共同固定在焊钳手臂末端，其主要优点是节省能量。一体式焊钳的缺点是焊钳重量增大，要求负载能力变大，但随着逆变焊钳的发展及机器人负载能力的提高，一体式焊钳将得到广泛的应用，如图 3-7a 所示。

（2）自动平衡焊钳 与便携式焊钳类似，只是在焊接时焊钳不用人工控制，而将它与夹具配合，固定在夹具上，实现一定程度的自动化生产。

（3）机器人焊钳 点焊机器人用焊钳与焊条电弧焊焊钳一样有 C 型和 X 型两种，但与焊条电弧焊焊钳相比其使用寿命长、尺寸精度高、结构紧凑且重量轻。根据工件及焊接夹具的结构形式来选取焊钳的种类及结构尺寸，对于较复杂的工件一般需要通过仿真来确定焊钳的尺寸。与机器人连接可自动控制，精度高、效率高，但机构较复杂、重量大，如图 3-7b 所示。

a) 便携式焊钳   b) 机器人焊钳

图 3-7 焊钳的分类

3. 焊钳选用的基本原则

1）依据产品结构、夹具结构和作业方位等确定合理的点焊钳形式。

2）根据焊钳的工作位置、工件形状选择焊钳的门深、门高选择，如图 3-8 所示。

3）根据焊接板厚、加压时间和焊接部位的材料等条件选择电极加压力，从而选择气缸直径。

图 3-8 焊钳的门深、门高

4）根据辅助行程和工作行程选择气缸的长度。经过辅助行程使焊钳进入焊接部位，进入焊接部位后关闭辅助行程，改为工作行程。

5）根据客户要求选择电缆连接方式。

6）根据焊接条件来选择手柄型号。

3.3.2 定位焊焊机的介绍

1. 单相交流焊机

单相交流焊机是目前最常见的，使用单相交流的控制系统及变压器能适合大多数的低碳钢类焊接需要。但随着现在国家对工业用电容量的控制，在焊接板厚大的工件时，对电网造成巨大负担及冲击的问题突出。而其他三种焊接方式的出现，解决了这个问题。

2. 中频逆变焊机

中频逆变焊机采用目前最为先进的电阻焊焊接技术，它经过变压器整流后，由电极输出直流电，能最大限度地提高功率因数，保证焊接质量，并能节能30%（与单相交流焊机相比）。并且此类焊机在焊接一些特殊材料时，如铝、铝合金、镀锌板等，焊接效果优良。此类焊机的主要技术点在于焊接控制器及变压器方面，目前国内也有厂商能够生产制造，但最为成熟的还是德国博世力士乐公司生产的焊接系统。

3. 三相次级整流焊机

三相次级整流焊机主要用于凸焊的焊接，主要特点是能够实现大功率焊接，且对电网冲击小，现在也用于闪光对焊和缝焊的电阻焊接。

3.4 电阻点焊的焊接参数

电阻点焊的焊接参数主要包括接电流、焊接压力、电极端面直径和焊接时间等多个方面，而这 4 个方面参数的选择对熔核的质量有极大的影响，本节主要介绍这 4 个参数的选择。通常是根据工件的材料和厚度，参考该种材料的焊接条件表选取。首先确定电极的端面形状和尺寸，其次初步选定电极压力和焊接时间，然后调节焊接电流。在试焊过程中以不同的电流焊接试样，经检查熔核直径符合要求后，再在适当的范围内调节电极压力、焊接时间和电流，直到熔核质量完全符合技术条件所规定的要求为止。

1. 焊接电流

焊接时流经焊接回路的电流称为焊接电流，焊接电流与本身电阻和焊接电压有关。点焊时电流一般不超过 10kA，根据板材的材质和厚度来确定。焊接电流是最重要的焊接参数，焊接电流过大会导致熔核压坑太深、喷溅及材料熔液和电极粘连等问题，焊接电流过小则会导致未熔透。电流选择一般是范围值，没有一个确定的值，根据材料的不同可以根据下面的经验公式来计算（在具体材料的参数表中进行查询）：

$$I = 5D \sim 15D$$

式中　I——电流（kA）；

　　　D——工件的板厚（mm）。

2. 焊接压力

焊接压力是电阻焊时通过电极施加在焊接件上的压力，一般要达数千牛。电极压力也是焊接的重要参数之一，电极压力过大或过小都会使熔核承载能力降低和分散性变大，尤其对拉伸载荷影响更大。当电极压力较小时，由于焊接区金属的塑性变形范围及变形程度不足，造成因电流密度过大而引起加热速度大于塑性环扩展速度，从而产生严重喷溅。电极压力可根据材料的不同用下面的公式估算：

$$F = 1200D \sim 4000D$$

式中　F——力（N）；

　　　D——板材厚度（mm）。

3. 电极端面直径

电极头是指点焊时与焊件表面相接触的电极端头部分，电极头端面尺寸增大时，由于接触面积增大，电流密度减小，使熔核承载能力降低。电极的端部不但要有足够的力学性能和耐高温、高压能力外，因端面形状对焊接质量也有显著影响，通常为了使端部增强散热和变形抗力，锥形端部电极的顶角一般大于 120°，边缘要倒角。电极的端面直径和球面半径一般取决于工件厚度和需要的熔核尺寸。电极端部过小就会导致熔核表面喷溅和熔核周围上翘等。

4. 焊接时间

电阻焊时的每一个焊接循环中，从焊接电流接通到断开的持续时间称焊接通电时间，简称焊接时间，其大小取决于工件材料的性能、厚度及所用焊机的功率，但有上、下限。

选择点焊焊接参数时可以采用计算方法或查表的方法，无论采用哪种方法，所选择出来的焊接参数都不可能是十分精确的，只能给出一个大概的范围，具体的参数还需经实测和调试来获得最佳规范。

硬规范：大电流、短时间。

软规范：小电流、长时间。

在生产中选用硬规范还是软规范要取决于金属的性质、厚度和所用焊接电源的功率。

硬规范的特点：加热不平稳、焊接质量对规范参数波动敏感性高、熔核强度稳定性差；温度场分布不平稳、塑性区小；接头缩孔、裂纹倾向大；有淬硬倾向的材料，接头冷裂倾向大；设备容量大、价格高；熔核压痕小、接头变形小、表面质量高；电极磨损小、生产效率高。硬规范主要适用于铝合金、不锈钢、低碳钢等厚板材的焊接。

软规范的特点：加热平稳、焊接质量对规范参数波动敏感性低、熔核强度稳定性好；温度场分布平稳、塑性区宽、压力作用下接头缩孔裂纹倾向小，但易变形；有淬硬倾向的材料，接头冷裂倾向小；设备容量小、控制精度不高、设备价格便宜；熔核压痕深、接头变形大、表面质量差；电极磨损快、生产效率低、能耗大。软规范主要适用于低合金钢、可淬硬钢、耐热合金及钛合金等材料的焊接。

3.5 常用金属材料的点焊

3.5.1 点焊前的工件和电极清理

由于电极和工件表面质量影响接触电阻的大小，当它们表面存在油污、氧化膜、油漆及其他杂质时会降低接头强度，影响接头质量的稳定性，因此需要清理工作。电极通常做简单的机械清洗，而焊接的工件则按不同的材质，采用不同的清理方法。

1. 铝合金

铝合金对氧的化学亲和力极强，刚清洗过的表面很快又被氧化，形成氧化铝薄膜，因此清理后的表面在焊前允许保持的时间是有严格限制的，通常不能超过4h，否则要重新清理。铝表面可以用细砂布和钢丝刷进行机械清理，在批量生产中多用化学方法清理。

2. 镁合金

由于镁与铜易合金化，因此镁的清理是非常重要的，以保证工件与电极间的接触电阻尽可能小。镁合金可用化学清理，然后再用铬酐溶液钝化，也可用钢丝刷清理。

3. 铜合金

铍铜和铝青铜化学清理方法很难，应首选机械清理。为了产生均匀的比纯铜高的电阻，有时在铜表面蒸镀一薄层锡。

4. 镍及其合金

镍及其合金在点焊时，保持工件表面的高度清洁是十分必要的，因为油、尘土、油漆的存在能增加硫脆化的可能性，从而使接头产生缺陷，热处理产生的厚氧化膜也应除去。清理方法可用抛光、喷丸、打磨或化学腐蚀。

5. 钛

焊前钛表面要严格清理，因为钛及其合金在焊接温度下能与多种元素及化合物反应，氢、氧、碳、氮很容易进入熔核，影响显微组织，降低接头的塑性和韧性。钛表面可用丙酮或氢氧化钠溶液脱脂处理，氧化膜可用硝酸和氢氟酸的混合溶液清理。

6. 钢

表面涂有抗蚀油的碳钢和低合金钢如果未被其他脏物或不良导电材料所污染，油膜的存在不影响接头质量。未酸洗的热轧钢焊接时，必须用喷砂、喷丸或者用化学腐蚀的方法清除氧化皮。高合金钢和不锈钢由于抗腐蚀能力强，焊前去油脱脂即可。

7. 镀层钢

除了少数例外，一般不用特殊处理就可以对镀层钢进行焊接。镀铝钢板则需要用钢丝刷或化学腐蚀清理。带有磷酸盐涂层钢板表面电阻会极高，在低电极压力下焊接电流无法通过，只有采用较高的压力才能进行焊接。

3.5.2　各种材料点焊焊接参数的选择

1. 低碳钢的点焊

低碳钢具有良好的焊接性，其焊接电流、电极压力和通电时间等焊接参数，具有较大的调节范围，表3-2、表3-3分别列出了低碳钢薄板及中厚板点焊的焊接参数，可供参考。

表3-2　低碳钢薄钢板点焊的焊接参数

板厚/mm	截锥形电极尺寸		A级			B级			C级		
	d/mm	D/mm	焊接通电时间/周波数	电极压力/N	焊接电源/A	焊接通电时间/周波数	电极压力/N	焊接电源/A	焊接通电时间/周波数	电极压力/N	焊接电源/A
0.4	3.2	12	5	1177	5400	8	736	4400	20	392	3500
0.5	3.5	12	6	1324	6000	11	893	5000	24	441	3900
0.6	4.0	12	7	1471	6600	13	981	5500	26	490	4300
0.8	4.5	12	8	1716	8000	15	1177	6400	30	686	5000
1.0	5.0	12	10	2158	9000	20	1471	7200	36	834	5600
1.2	5.5	12	12	2697	10000	23	1716	8000	40	981	6100
1.4	6.0	12	14	3138	10800	26	1961	8600	46	1177	6600
1.6	6.3	12	16	3269	11600	30	2256	9200	52	1324	7100
1.8	6.7	16	18	4217	12500	33	2550	9800	54	1520	7600
2.0	7.0	16	20	4707	13200	36	2940	10400	58	1716	8000
2.3	7.6	16	24	5590	14400	44	3236	11000	65	1961	8600
2.8	8.5	16	29	6865	16000	52	4217	12400	72	2256	9500
3.2	9.0	16	32	8042	17400	60	4707	13200	78	2795	10200
3.6	9.5	20	41	9022	18400	72	5296	14000	102	3089	10800
4.0	10.0	20	50	10199	19800	90	5982	15000	155	3530	11300
5.0	11.2	20	70	13533	22400	120	7649	16800	210	4315	12700

注：1. 单相交流电源，频率60Hz。

2. A、B、C级不一定与接头等级相对应，A级是高速焊接条件，C级则适用于小容量焊机的场合。

3. 在50Hz交流电时周波数应乘以5/6。

表3-3　低碳钢中厚板点焊的焊接参数

板厚/mm	电极直径/mm	电极压力/N	焊接电流/A	焊接通电时间/s
3.0	10.0	7400	17000	0.48
4.0	12.5	10000	21000	0.94
5.0	14.5	16200	24500	1.58
6.0	16.5	20200	27500	2.4
7.0	17.5	26000	30000	3.1
8.0	19.0	31000	32500	4.4
9.0	21.0	35000	36000	5.4
10.0	23.0	41500	38000	7.5
12.0	26.0	51000	43000	11.6

注：1. 本表的焊接条件将分流影响忽略不计。

　　2. 交流电源，频率60Hz。

2. 淬火钢的点焊

淬火钢通常采用电极焊后回火的双脉冲点焊方法，以消除淬火组织，改善接头性能，这种方法的第一个电流脉冲为焊接脉冲，第二个为回火热处理脉冲，两脉冲之间的间隔时间一定要保证使熔核冷却到马氏体转变点 MS 温度以下。回火脉冲幅值要适当，以避免焊接区的金属重新超过奥化体相变点而引起二次淬火。表3-4 为淬火钢的双脉冲点焊焊接参数的实例，可供参考。

表3-4　可淬硬碳钢点焊的焊接参数

钢板厚度①/mm	截锥体电极端面尺寸 d②/mm	焊接通电时间 60Hz/周波数				电极压力/N			焊接电流/A		焊核最大直径/mm	最小抗拉强度	
		焊接	冷却	回火	总计	A级焊接	B级焊接	C级焊接	焊接	回火		力③/N	应力/MPa
0.23	3.2	3	6	3	12	1000	730	480	11900	9900	1.9	1372	495
0.26	3.2	3	6	3	12	1000	750	500	12100	10000	2.0	1470	470
0.29	3.2	3	6	3	12	1100	800	520	12200	10200	2.2	1568	430
0.35	3.4	4	7	3	14	1250	900	580	12400	10400	2.4	1860	420
0.40	3.4	4	7	4	15	1450	1050	650	12600	10500	2.6	2009	380
0.50	3.8	4	8	4	16	1900	1400	900	12900	10800	3.0	2450	355
0.60	4.0	4	10	4	18	2500	1850	1200	13200	11100	3.4	2940	330
0.70	4.2	5	11	5	21	3300	2400	1600	13400	11400	3.8	3626	320
0.80	4.8	5	13	5	23	3900	3000	2000	13600	11600	4.2	4410	325
0.90	5.2	6	16	6	28	4700	3500	2400	13800	11800	4.7	5488	330
1.00	5.8	6	20	6	32	5400	4100	2800	13900	12000	5.1	6762	345
1.20	6.8	7	30	10	47	6900	5100	3400	14300	12200	5.9	9555	360
1.60	8.6	11	52	21	84	9650	7300	4600	15100	12800	7.5	16415	380
1.80	9.5	15	56	28	99	11600	8400	5600	15600	13200	8.3	20580	390
2.00	10.5	19	87	36	142	12500	9400	6300	16300	13900	9.2	24745	380

（续）

钢板厚度[1]/mm	截锥体电极端面尺寸 d[2] /mm	焊接通电时间 60Hz/周波数				电极压力/N			焊接电流/A		焊核最大直径/mm	最小抗拉强度	
		焊接	冷却	回火	总计	A级焊接	B级焊接	C级焊接	焊接	回火		力[3]/N	应力/MPa
2.30	12.0	26	112	48	186	14600	11000	7300	17500	14900	10.4	32340	390
3.20	15.2	46	244	92	382	20500	16000	10600	22400	18900	14.1	55370	380
4.00	16.0	64	352	145	561	23000	20000	14000	26300	21000	17.3	75950	390

注：边缘距离、熔核间距与碳钢（未经处理）标准相同。

① 本表适用于含碳量为 0.15% ~ 0.60%，抗拉强度为 500 ~ 800MPa 的碳钢，板厚相同的二板搭接点焊，接合面不得有油脂、锈及氧化铁及污垢。

② 使用 R·W·M·A2 级或与之相当的电极，使用球面电极也很好。

③ 总抗拉强度与母材强度有关，表中数据为大致标准。

3. 镀层钢板的点焊

（1）镀层钢板点焊时，容易出现的主要问题

1）电极易被镀层粘附，缩短电极使用寿命。

2）适用的焊接工艺范围较窄，易于形成未焊透或飞溅。

3）由于加热过程中低熔点的镀层金属首先熔化，增大了两板间的焊接面积，电流密度变小，熔核直径变大，因此焊接电流应比无镀层的大。

4）为了将已熔化的镀层金属排挤出接合面，电极压力应比无镀层时的高。

（2）焊接技术要点

1）与普通钢板相比，需更大的焊接电流和电极压力，约提高 1/3 以上。

2）电极材料选用 CrZrCu 或弥散强化铜，或用镶钨复合电极，电极两次修磨间的焊点数应仅为低碳钢的 1/10 ~ 1/20。

3）从提高焊接质量出发，可采用凸焊并配合缓升或直流焊接波形。

4）镀锌钢板焊接时应采取有效的通风装置，因为 ZnO 烟尘有害人体健康。

表 3-5 为镀锌钢板点焊焊接参数，表 3-6 为耐热镀铝钢板点焊焊接参数。对于耐蚀镀铝钢板，由于镀层较厚应采用较大的电流和较低的电极压力。

表 3-5　镀锌钢板点焊的焊接参数

镀层种类		电镀锌			热浸镀锌		
镀层厚/mm		2 ~ 3	2 ~ 3	2 ~ 3	10 ~ 15	15 ~ 20	20 ~ 25
焊接条件	级别	板厚/mm					
		0.8	1.2	1.6	0.8	1.2	1.6
电极压力 /kN	A	2.7	3.3	4.5	2.7	3.7	4.5
	B	2.0	2.5	3.2	1.7	2.5	3.5
焊接时间 /周	A	8	10	12	8	10	12
	B	10	12	15	10	12	15

（续）

镀层种类		电镀锌			热浸镀锌		
镀层厚/mm		2~3	2~3	2~3	10~15	15~20	20~25
焊接条件	级别	板厚/mm					
		0.8	1.2	1.6	0.8	1.2	1.6
电流	A	10.0	11.5	14.5	10.0	12.5	15.0
/kA	B	8.5	10.5	12.0	9.9	11.0	12.0
抗剪强度	A	4.6	6.7	11.5	5.0	9.0	13
/MPa	B	4.4	6.5	10.5	4.8	8.7	12

表3-6 耐热镀铝钢板点焊的焊接参数

板厚/mm	电极球面半径/mm	电极压力/kN	焊接时间/周	焊接电流/kA	抗剪强度/MPa
0.6	25	1.8	9	8.7	1.9
0.8	25	2.0	10	9.5	2.5
1.0	50	2.5	11	10.5	4.2
1.2	50	3.2	12	12.0	8.0
1.4	50	4.0	14	13.0	8.0
2.0	50	5.5	18	14.0	13.0

4. 不锈钢点焊

不锈钢由于电阻率高、导热性差、高温强度高、与低碳钢相比可采用较小的焊接电流、较短的焊接时间和较高的电极压力。为防止热影响区晶粒长大和出现晶间腐蚀现象，需准确地控制加热时间和焊接电流，并采用强有力的内部和外部水冷却。马氏体不锈钢由于有淬火倾向，点焊时要求采用较长焊接时间，为消除淬硬组织，最好采用焊后回火的双脉冲点焊。表3-7为不锈钢点焊的焊接参数。

表3-7 不锈钢点焊焊接参数

板厚/mm	电极端部尺寸		电极压力/N	焊接通电时间/周波数	焊接电流/A	
	d/mm	D/mm			母材抗拉强度低于830MPa	母材抗拉强度高于830MPa
0.4	3.6	12	1422	4	2900	2450
0.5	3.9	12	1746	4	3800	3000
0.6	4.2	12	2109	5	4700	3800
0.8	4.7	12	2942	6	6250	4900
1.0	5.2	12	3920	7	7700	5500
1.2	5.7	12	4905	8	9000	7300
1.5	6.5	16	6475	10	10700	8700
2.0	7.6	16	8731	14	13700	11000
2.5	8.8	16	10693	16	16500	13000
3.0	9.7	20	14225	19	18200	14900
3.2	10.2	20	14813	20	18800	15600

注：1. 本表钢材系 1Cr17Ni7、0Cr19Ni9、0Cr25Ni20、0Cr17Ni12MO2 等奥氏体不锈钢。

2. 电源为单相交流60Hz或单相三相整流。

5. 高温合金点焊

高温合金比不锈钢具有更大的电阻率和高温强度，因而需要较小的焊接电流和较大的电极压力。点焊较厚板件(2mm 以上)时，最好在焊接脉冲之后再加缓冷脉冲并施加压力，以防止缩孔和裂纹，同时采用球面电极，以利于熔核的压固和散热。表3-8 为推荐的高温合金点焊的焊接参数。

表 3-8　高温合金 GH44、GH33 点焊焊接参数

板厚/mm	电极端面直径/mm	电极压力/kN	焊接时间/周	焊接电流/kA
0.3	3.0	4 ~ 5	7 ~ 10	5 ~ 6
0.5	4.0	5 ~ 6	9 ~ 12	4.5 ~ 5.5
0.8	5.0	6.5 ~ 8	11 ~ 17	5 ~ 6
1.0	5.0	8 ~ 10	16 ~ 20	6 ~ 6.5
1.2	6.0	10 ~ 12	19 ~ 24	6.2 ~ 6.8
1.5	5.5 ~ 6.5	12.5 ~ 15	22 ~ 31	6.5 ~ 7
2.0	7.0	15.5 ~ 17.5	29 ~ 38	7 ~ 7.5
2.5	7.5 ~ 8.0	18.5 ~ 19.5	39 ~ 48	7.5 ~ 8.2
3.0	9 ~ 10	20 ~ 21.5	50 ~ 65	8 ~ 8.8

6. 铝合金的点焊

铝合金分冷作强化和热处理强化两大类，其点焊焊接性较差，特别是热处理强化的铝合金。由于铝合金的电导率和热导率较高、塑性温度范围窄、线膨胀系数大，因此有凝固时易形成裂纹、表面易生成氧化膜等特点。要求铝合金点焊时，应选用短时间、大电流、较大的电极压力(阶梯形或马鞍形电极压力)，电极的随动性要好，要求控制精确和加压系统灵敏。表3-9、表3-10 为铝合金的点焊焊接参数，仅供参考。

表 3-9　铝合金 LF21、LF3、LF5 点焊焊接参数

板厚/mm	电极球面半径/mm	电极压力/kN	焊接时间/周	焊接电流/kA	锻压压力/kN
0.8	75	2.0 ~ 2.5	2	25 ~ 28	—
1.0	100	2.5 ~ 3.6	2	29 ~ 32	—
1.5	150	3.5 ~ 4.0	3	35 ~ 40	—
2.0	200	4.5 ~ 5.0	5	45 ~ 50	—
2.5	200	6.0 ~ 6.5	5 ~ 7	49 ~ 55	—
3.0	200	8	6 ~ 9	57 ~ 60	22

表 3-10　铝合金 LY12CZ、LC4CS 点焊焊接参数

板厚/mm	电极球面半径/mm	电极压力/kN	焊接时间/周	焊接电流/kA	锻压压力/kN	锻压滞后断电时刻/周
0.5	75	2.3 ~ 3.1	1	19 ~ 26	3.0 ~ 3.2	0.5
0.8	100	3.2 ~ 3.5	2	26 ~ 36	5.0 ~ 8.0	0.5
1.0	100	3.6 ~ 4.0	2	29 ~ 36	8.0 ~ 9.0	0.5
1.3	100	4.0 ~ 4.2	2	40 ~ 46	10 ~ 10.5	0.5
1.6	150	5.0 ~ 5.9	3	41 ~ 54	13.5 ~ 14	0.5
1.8	200	6.8 ~ 7.3	3	45 ~ 50	15 ~ 16	0.5

(续)

板厚/mm	电极球面半径/mm	电极压力/kN	焊接时间/周	焊接电流/kA	锻压压力/kN	锻压滞后断电时刻/周
2.0	200	7.0~9.0	5	50~55	19~19.5	0.5
2.3	200	8.0~10	5	70~75	23~24	0.5
2.5	200	8.0~11	7	80~85	25~26	0.5
3.0	200	11~12	8	90~94	30~32	0.5

7. 铜及其合金的点焊

铜合金焊接性取决于其物理性质和化学成分，导电性越好，点焊越困难，铜和高电导率的铜合金因电极粘附严重，很少采用点焊，即使用复合电极也只限于点焊薄铜板，表 3-11 为黄铜的点焊焊接参数。

表 3-11　黄铜点焊焊接参数

板厚/mm	焊接电流/kA	电极力/N	焊接时间/周	焊点抗剪力/N
0.4	8	600	5	1000
0.6	9	800	6	1200
0.8	9.5	1000	8	2000
1.0	10	1200	13	3000

8. 钛合金的点焊

钛合金的焊接性与不锈钢相似，焊接参数也大致相同，其焊接参数可参考表 3-12。

表 3-12　钛合金点焊焊接参数

板厚/mm	电极力/N	焊接时间/周	焊接电流/kA	接头正拉力/N	接头抗剪力/N
0.9	2700	7	5.5	2700	7800
1.5	6800	10	10.5	4500	22000
2.3	11000	16	12.5	9500	38000

3.5.3　确定点焊接头形式

点焊通常采用搭接接头和折边接头，如图 3-9 所示，可以由两个或两个以上等厚度或不

a) 搭接接头　　　　　b) 折边接头

图 3-9　点焊接头形式

等厚度的工件组成。在设计点焊结构时，必须考虑电极的可达性，即电极必须能方便地抵达工件的焊接部位。同时还应考虑边距、搭接量、点距、装配间隙和熔核强度等诸因素，接头尺寸的大致确定见表3-13。

表3-13　点焊接头尺寸的大致确定

		点焊接头尺寸的大致确定[②]/mm		
序号	经验公式	简图		备注
1	$d = 2\delta + 3$ 或 $d = 5\sqrt{\delta}$			d——熔核直径
2	$A = 30 - 70$[①]			A——焊透率(%)
				c'——压痕深度
3	$c' \leq 0.2\delta$			e——核距
				s——边距
4	$e > 8\delta$			δ——薄件厚度
				n——熔核数
				$\circ$——点焊缝符号
5	$s > 6\delta$			$dOn \times (e)$——点焊缝标注

注：1. 焊透率 $A = (h/\delta) \times 100\%$。
　　2. 搭接量 $b = 2s$。

3.5.4　选择合适的边距、搭接量和核距

边距的最小值取决于被焊金属的种类、厚度和焊接条件。对于屈服强度高的金属、薄件或采用强条件时可取较小值。搭接量通常是边距的两倍，推荐的最小搭接量见表3-14。核距即相邻两熔核的中心距，其最小值与被焊金属的厚度、电导率、表面清洁度以及熔核的直径有关，表3-15为推荐的最小核距。确定核距最小值主要是考虑分流影响，采用强条件和大的电极压力时，核距可以适当减小。采用热膨胀监控或能够顺序改变各点电流的控制器时，以及能有效地补偿分流影响的其他装置时，点距可以不受限制。

表3-14　接头的最小搭接量　　　　　　　　　　　（单位：mm）

最薄板件厚度	单排熔核			双排熔核		
	结构钢	不锈钢及高温合金	轻合金	结构钢	不锈钢及高温合金	轻合金
0.5	8	6	12	16	14	22
0.8	9	7	12	18	16	22
1.0	10	8	14	20	18	24
1.2	11	9	14	22	20	26
1.5	12	10	16	24	22	30
2.0	14	12	20	28	26	34
2.5	16	14	24	32	30	40
3.0	18	16	26	36	34	46
3.5	20	18	28	40	38	48
4.0	22	20	30	42	40	50

表 3-15 熔核的最小核距 （单位：mm）

最薄板件厚度	核距		
	结构钢	不锈钢及高温合金	轻合金
0.5	10	8	15
0.8	12	10	15
1.0	12	10	15
1.2	14	12	15
1.5	14	12	20
2.0	16	14	25
2.5	18	16	25
3.0	20	18	30
3.5	22	20	35
4.0	24	22	35

3.5.5 点焊前装配及定位

装配间隙必须尽可能小，因为靠压力消除间隙将消耗一部分电极压力，使实际的焊接压力降低。间隙的不均匀性又将使焊接压力波动，从而引起各熔核强度的显著差异，过大的间隙还会引起严重飞溅，许用的间隙值取决于工件刚度和厚度，刚度、厚度越大，许用间隙越小，通常为 0.1 ~ 2mm。

依次完成上述工作后，即可进行机器人点焊或者人工点焊操作。

3.6 电阻点焊在汽车生产中的应用

电阻点焊作为一种高效、廉价且机械化和自动化程度较高的连接技术，在汽车工业中得到了广泛的应用。无论是在汽车车身组装中，还是汽车零部件的生产中，电阻点焊工艺都占据了相当重要且相当数量比例的地位。

3.6.1 电阻点焊在汽车车身焊装中的应用

汽车车身也称为白车身，是整个汽车零部件的载体，车身制造质量的优劣对整车的质量起着决定性的作用。电阻点焊是车身装配时的主要工艺手段，在车身底板、侧围、车架、车顶、车门及车身总成等部分的焊装中，大量采用电阻点焊工艺。据统计，每一辆轿车车身上，约有 4000 ~ 6000 个电阻点焊熔核，例如：上海大众帕萨特白车身装配中，每辆车的总焊点数达到 5892 点。因此，提高点焊质量对保证车身装配质量，控制车体误差有着深远的意义。

汽车车身焊装线上的电阻点焊设备主要有 3 类：

（1）悬挂式点焊机　悬挂式点焊机是目前车身焊装生产线上的主要设备，一个车身焊装车间一般有 200 ~ 300 台悬挂式点焊机，用于车身的各个部位的装配点焊，特别用于点焊接位置复杂多变的部件。车身焊接装配线如图 3-10 所示。

（2）点焊机器人　为了提高车身焊装线的自动化程度，减轻操作者的劳动强度，提高工作效率，保证焊接质量，在现代化的车身焊接生产线上，采用点焊机器人代替笨重的悬挂式点焊机，以代替人的单调、重复、长时间的强体力劳动，同时，还适应产品的多样化生产。车身自动焊装生产线如图 3-11 所示。

图 3-10　悬挂式点焊机用于车身焊接装配线　　　　图 3-11　车身自动焊装生产线

（3）多点点焊　采用多点点焊工艺的目的是提高生产效率，减小焊接变形，在车身焊装生产线上，车身底板的点焊装配经常采用多点点焊机，例如德国的奥迪和宝马的车身底板自动化焊装线上，都采用了多点点焊机。点焊机器人和多点点焊机在白车身生产线上所占的比例体现了该生产线的自动化程度。

3.6.2　电阻焊在汽车零部件生产中的应用

在汽车零部件的生产中也广泛地采用点焊、凸焊、缝焊、对焊等多种电阻焊工艺，具体的应用实例如下。轿车横梁装配焊接、汽车传动轴平衡块凸焊、汽车制动蹄焊接等，分别如图 3-12、图 3-13、图 3-14 所示。

图 3-12　轿车横梁装配焊接　　图 3-13　汽车传动轴平衡块凸焊　　图 3-14　汽车制动蹄焊接
　　　　　　　　　　　　　　　1—凸焊电极　2—平衡块　3—传动轴　　1—电极　2—汽车制动蹄

3.7 点焊质量的控制

对于点焊质量的检测，分不两种场合进行区分。一级：承受较大的静载荷、动载荷或交变载荷的接头；二级：承受较小的静载荷或动载荷的一般接头。

3.7.1 常用的检验方法

1. 目视检验

对于熔核的质量从外观上只能初步判断，最终的检验需要依靠撕破或撬边检验。凭眼睛看塑性环包围的熔核，起到连接强度的是熔核中间的焊核，没有清晰地看到焊核，不能说明此熔核有缺陷，需要进行剖检检查。通常我们说的熔核直径，指的是焊核直径。熔核表面应平整、光洁，不允许出现击穿、烧穿、裂纹等现象。

（1）外观形状、特征　熔核近似圆形，平整无扭曲，压痕深度不超过板厚的 0.2 倍。无镀层的板料，熔核外圈有一周黑色圆环，称为塑性环，通常也称为热影响区；有镀层的板料，熔核外圈塑性环颜色很浅，不呈现黑色，熔核颜色呈黄色。焊点外观形状如图 3-15 所示。

图 3-15　熔核的外观形状

（2）熔核、焊核特征　如果焊接参数调整准确，塑性环以内的颜色应为金属的白色，熔核中间明显看到焊核形成，焊核也呈白色，此熔核强度基本保证。有的熔核带有金属铜的颜色，铜的颜色为焊接电极熔化粘到熔核上造成的，在熔核的中间有焊核形成，比较清晰明显。两板厚在 1.5mm 以上的或是三层板熔核可能出现黑色（一般是厚板和三层板焊接规范较大造成的），即使熔核出现黑色，中间也应形成明显的焊核实际焊接中，有一部分熔核不呈现金属色泽，出现黑色，这是材料表面油、灰等原因造成的，不属于熔核缺陷。如果出现黑色的塑性环和焊核混合一起、难以分辨，说明焊接参数不当，熔核已经炭化，熔核基本不能承受较大的载荷了，需要调整焊接参数，如图 3-16、图 3-17 所示。

图 3-16　合格熔核

塑性环和焊核颜色接近，熔核中间也有明显的黑色焊核形成，焊接参数略高，此熔核基本满足要求

熔核扭曲，是一种缺陷

图 3-17　焊核特征

（3）检测要点

① 焊接接头应 100% 进行目视检验，允许用不大于 10 倍的放大镜进行检验。

② 熔核不允许有外部裂纹、飞溅、烧伤、烧穿和板材边缘的胀裂。

③ 熔核偏移中心线的距离允许不大于 2mm。

④ 熔核的压痕深度，一级接头不超过板厚的 15%，二级接头不超过板厚 20% 时允许存在；厚度比（两被焊工件厚度之比）大于 2 的组合或一面用平面电极时，一级接头不超过板厚 20%，二级接头不超过板厚 25% 时，也允许存在。

⑤ 重复熔核，压痕深度可比上条规定增大 5%。熔核压痕直径增大或偏离原熔核中心不超过 1.5mm 时，允许存在。

⑥ 熔核过深压痕和表面发黑允许存在的数量见表 3-16。

表 3-16　熔核过深压痕和表面发黑允许存在的数量

缺陷名称	允许存在（不大于）		允许修补（不大于）		缺陷修补方法
	一级	二级	一级	二级	
外部飞溅	0	0	10	15	机械清理
过深压痕	10	10	0	0	
脱焊（假焊）	0	0	2	5	重焊
熔核过小	0	0	5	10	重焊
外部裂纹	0	0	5	10	重焊、氩弧焊
表面发黑	0	0	10	15	机械清理
板边胀裂	0	0	2	5	氩弧焊、锉修
烧穿	0	0	每班1个	每班1个	氩弧焊
烧伤	0	0	5	10	氩弧焊、机械清理
内部飞溅	5	10	10	15	清除可见溅出物
校正引起的脱开	0	0	5	5	重焊

注：表中百分数为有缺陷的熔核数占熔核总数的百分数。

2. 撕破检验

每班开班前，焊机工作中间停止时间超过 1h，每焊接 100 个点左右时，或更换电极、

在规定范围内调整焊接参数，重新启动焊机时，都必须按表3-17所列内容进行检验，在检验无问题时方可继续施焊。

撕破检验时，应用专业设备在一侧板材上撕成孔洞，板厚大于1.2mm时，允许在一侧板材上形成深度不小于板厚20%的凹坑。

表3-17　检验内容

接头级别	熔核数量/个	目视检验(%)	撕破检验/个
一级	10	100	2
二级	5	100	1

注：二级熔核可用撬边检验替代撕破检验。

3. 撬边检验

撬边检验是用专用检验器将焊件边缘撬起来检查熔核是否良好，如图3-18所示。焊透率过小或直径过小的熔核，在撕力作用下发出轻微的撕裂声音并破裂，焊接良好的熔核应不破裂。

图3-18　专用检验器

3.7.2　点焊缺陷及其产生原因

在点焊过程中，由于焊接规范选择不当，会产生各种焊接缺陷，从而影响焊接质量，表3-18列出了点焊时易出现的各种缺陷及产生原因。

表3-18　点焊缺陷及其产生原因分析

缺陷	产生原因
未熔透	电极端部直径过大、焊接电流过小
熔核过小	焊接电流不够大、焊接通电时间太短、电极压力过大
熔核压坑太深	焊接电流太大、电极端部太小、电极压力不适当
熔核不正	上下电极未对正、电极端部在通电时滑移、电极端部整形不良、工件与电极不垂直
熔核表面喷溅	电极压力不足、焊接电流过大、电极端部过小、电极端部整形不良、工件表面污染
熔核喷溅	距边缘太近、焊接电流过大、电极压力不足、通电时电极移动、上下电极错位
电极工件粘连	工件表面污染、电极压力太小、焊接电流太大、通电时间太长、电极水冷不良
裂纹、缩孔、针孔	熔核未凝固前卸去电极压力、电极压力不足、焊接电流过大、通电时电极移动
焊点周围上翘	焊接电流过大、电极压力太大、电极端部过小、工件接触不良、上下电极错位

本 章 小 结

1. 点焊基本原理简单来讲就是一个焊接循环，它由预压阶段、焊接时间、断电锻压和休止时间四个部分组成。它特别适用于薄壁件的焊接，在汽车车身制造中应用广泛。

2. 点焊电极材料有三类，其中第二类应用广泛。

3. 电阻点焊在汽车生产中主要分两类：悬挂式点焊机和机器人点焊设备。悬挂焊机焊钳根据焊臂的动作分为两种：X型与C型。

4. 点焊的主要工艺参数主要包括焊接电流、焊接压力、电极端面直径和焊接时间等多个方面。不同材料点焊工艺参数的选择参考表3-2～表3-12。

5. 电阻点焊主要用于车身的焊接，在汽车横梁、制动蹄块等地方也有用到。

6. 点焊质量检测主要有：目视检验、撕破检验、撬边检验等三种方法。

7. 点焊质量缺陷及其生产原因分析见表3-18。

复习思考与练习

1. 想一想

1）我们通常所见的电焊属于电阻点焊吗？

2）电阻点焊需要焊丝吗？

3）电阻点焊可用于中厚钢板的焊接吗？为什么？

4）悬挂式点焊跟机器人点焊相比，哪一种自动化程度高？

5）汽车白车身上电阻点焊为什么应用最多？

2. 做一做

1）什么叫电阻点焊？它分为哪几种？

2）电阻点焊有什么优缺点？

3）试指出电阻点焊的基本原理。

4）影响焊接热的因素有哪些？

5）点焊电极的材料有哪几种？常见的电极形状又有哪几种？

6）悬挂式点焊机和机器人点焊设备分别由哪些部分所组成？

7）焊钳常用的型号有哪两种？按使用场合不同分为哪3类？

8）电阻点焊的主要工艺参数有哪几个？

9）汽车车身焊装中的电阻点焊主要有哪3类？并简述其应用。

第 4 章

车身CO₂气体保护焊焊接工艺

学习目标

1. 了解电焊的分类。
2. 了解 CO_2 气体保护焊的特点。
3. 了解 CO_2 气体保护焊的三种熔滴过渡。
4. 学会 CO_2 气体保护焊气体的提纯。
5. 知道焊接的几种接头形式。
6. 知道 CO_2 气体保护焊检验要求。
7. 掌握 CO_2 气保焊的特点。
8. 掌握 CO_2 气体保护焊的七个工艺参数。

4.1 电弧焊焊接工艺介绍

4.1.1 电焊的分类

电焊的分类如图 4-1 所示。

基本的焊接方法通常分为 3 大类，即熔焊、压焊及钎焊，每一大类又可按焊接热源及其他明显特点分为若干种。

按照采用的电极分，电弧焊分为熔化极和非熔化极二类，其中熔化极电弧焊是利用金属焊丝（或焊条）作电极同时熔化填充焊缝的电弧焊方法，它包括焊条电弧焊、埋弧焊、CO_2 焊等。非熔化极电

图 4-1 电焊的分类

弧焊是利用不熔化电极（如钨棒、炭棒）进行焊接的电弧焊，它包括 TIG 焊、等离子弧焊等方法。部分术语解释如下：

1) MIG 焊：金属极（熔化极）惰性气体保护焊。
2) TIG 焊：钨极（非熔化极）惰性气体保护焊。
3) MAG 焊：金属极（熔化极）活性气体保护焊。
4) CO_2 焊：二氧化碳气体保护焊（简称 CO_2 焊）。

4.1.2　熔化极气体保护焊介绍

熔化极气体保护焊是在焊接过程中不加压力将工件接口以及焊丝加热至熔化状态，形成熔池，熔池随热源而移动，同时在熔焊过程中，用气体隔绝大气与高温的熔池直接接触，冷却后形成连续焊缝而将两工件连接成为一体的焊接方法。

在熔焊过程中，如果大气与高温的熔池直接接触，大气中的氧就会氧化金属和各种合金元素，大气中的氮、水蒸气等进入熔池，还会在随后冷却过程中在焊缝中形成气孔、夹渣、裂纹等缺陷，降低焊缝的质量和性能。

为了提高焊接质量，人们研究出了各种保护方法。例如，气体保护电弧焊就是用氩、二氧化碳等气体隔绝大气；又如钢材焊接时，在焊条药皮中加入对氧亲和力大的钛铁粉进行脱氧，就可以保护焊条中有益元素锰、硅等免于氧化而进入熔池，冷却后获得优质焊缝。

在焊接过程中，需要一个能量集中、热量足够的热源。通俗讲，就是在金属电极中单位面积所通过的电流越大，能量集中性越好。

焊接部位必须采取有效的隔离空气保护，使焊接部位不能和空气接触，以免造成焊缝的成分和性能不良，保护方式见表 4-1。

表 4-1　焊接时的 3 种保护方式

保护类型	材料及设施	适用范围
气相保护	气体	CO_2 焊、TIG 焊、MIG 焊、MAG 焊…
渣相保护	焊剂	手工电弧焊、埋弧焊…
真空保护	真空设备及设施	航空航天或稀有金属（电子束焊）

4.2　CO_2 焊基础知识

CO_2 是一种活性气体，也是唯一适合焊接用的单一活性气体。CO_2 焊具有焊接速度高、熔深大、成本低和易进行空间位置焊接等优点，因此，CO_2 焊已广泛用于焊接碳钢和普通低合金钢。

4.2.1　CO_2 焊焊接设备

1．设备构成

CO_2 焊焊机是焊装车间使用较多的设备之一，其生产示意图如图 4-2 所示。焊机按结构主要分为三大部分：电源部分、送丝机部分和工作部分，如图 4-3 所示。

（1）电源部分　CO_2 焊焊机的电源部分主要是一台变压器，它具有将 380V 的高压电转变为 36V 安全电压的功能。

（2）送丝机部分　送丝机主要由一台送丝电动机组成，两个送丝轮相互压紧，焊丝被压在两个送丝轮之间，当送丝电动机带动送丝轮转动时，焊丝就被送丝轮强行带动，完成自动送丝过程。送丝机部分还有两个调节手柄，用于调节所需的电流和电压。

（3）工作部分　CO_2 焊焊机的工作部分主要是电缆（通气、通焊丝）和焊枪。通气电缆不仅通电，而且通气。焊枪是直接用于生产操作的工具，通过焊枪将最终需要被焊接的焊件焊

图 4-2 CO_2 焊焊机生产示意图

接起来。焊枪内部结构如图 4-4 所示。

图 4-3 CO_2 焊焊机的工作部分

图 4-4 焊枪结构

2. 工作路线

焊接工作时的线路有两条：电路和气路。

（1）电路 首先是 380V 的电压通过一次电缆进入电源部分后，然后再经过二次电缆到达焊枪，在焊接时就与地线形成了一条焊接回路。

（2）气路 CO_2 气瓶内气体送入管道，然后管路里的高压 CO_2 气体到达每个工位的用气点，每个工位的用气点都有一个气体调压阀，根据需要调节气体流量的大小，再通过软管进入电缆随焊枪焊接时喷射出来，在焊接区形成气体保护层，保证焊接熔池不产生氧化层。

4.2.2 CO_2 焊的特点

1）焊接成本低。CO_2 气体是酿造厂和化工厂的副产品，来源广、价格低，其综合成本约是焊条电弧焊的 1/2。

2）生产效率高。CO_2 焊可使用较大的电流密度（200A/mm^2 左右），比焊条电弧焊（10 ~ 20A/mm^2 左右）的高得多，因此熔深比焊条电弧焊的高 2.2 ~ 3.8 倍，焊接 10mm 以下的钢板时可以不开坡口，对于厚板可以减少坡口加大钝边进行焊接，同时具有焊丝熔化快，不用清理焊渣等优点，效率比焊条电弧焊可提高 2.5 ~ 4 倍。

3）焊后变形小。CO_2 焊的电弧热量集中，加热面积小，CO_2 气流有冷却作用，因此焊件焊后变形小，特别是薄板的焊接更为突出。

4）抗锈能力强。CO_2 焊和埋弧焊相比，具有较高的抗锈能力，所以焊前对焊件表面的清洁工作要求不高，可以节省生产中大量的辅助时间。

5）缺点。由于 CO_2 气体本身具有较强的氧化性，因此在焊接过程中会引起合金元素烧损，产生气孔和引起较强的飞溅。特别是飞溅问题，虽然从焊接电源、焊丝材料和焊接工艺上采取了一定的措施，但至今未能完全解决，这是 CO_2 焊的明显不足之处，与焊条电弧焊相比也存在成形不够美观、抗风能力差、设备较复杂等问题。

4.3　CO_2 焊基本原理

4.3.1　CO_2 焊基本原理

CO_2 焊工作原理如图 4-5 所示，焊接时，在焊丝与焊件之间产生电弧，焊丝自动送进，被电弧熔化形成熔滴并进入熔池；CO_2 气体经喷嘴喷出，包围电弧和熔池，起着隔离空气和保护焊接金属的作用。同时 CO_2 气体还参与冶金反应，在高温下的氧化性有助于减少焊缝中的氢，防止气孔等缺陷的产生。

图 4-5　CO_2 焊工作原理

4.3.2　熔滴过渡

焊丝端部的金属在电弧热作用下被加热熔化，并在各种力的作用下以滴状形式脱离焊丝过渡到熔池中的现象称为熔滴过渡。熔滴过渡的特点、规律及其控制，是直接影响焊接过程、焊接质量和生产效率的重要因素。

CO_2 焊有 3 种熔滴过渡形式：第一种是较小电流、较低电弧电压下的短路过渡；第二种是较大电流、较高电弧电压下的喷射过渡（细颗粒过渡）；第三种是介于上述二者之间的半短路过渡（混合过渡）。

1. 短路过渡

焊丝端部的熔滴与熔池接触形成短路，由于强烈过热和电磁颈缩力的作用使其爆断，直接向熔池过渡的形式称为短路过渡。短路过渡是在较小焊接电流和较低电弧电压下发生的熔滴过渡形式。根据焊丝熔滴短路过渡波形的特征，可将短路过渡波形分为 A 型、B 型和 C 型，分别如图 4-6、图 4-7 和图 4-8 所示。

A 型短路过渡的电压、电流波形相当标准。

B 型短路是指正常的周期性短路之前发生的连续频繁的瞬时短路行为，其特点是短路的时间非常短促，同时每一次短路前后的电压基本上不变，电压波形曲线处在同一水平。因此，在周期性短路波形前出现的频繁短路不发生熔滴的过渡。

C 型短路则是介于 A 型和 B 型短路之间的一种过渡形式，具有 A 型和 B 型两种短路特征，短路时间短暂，但每一次短路可以伴有熔滴的过渡。

图 4-6　A 型短路过渡波形

图 4-7　B 型短路过渡波形

图 4-8　C 型短路过渡波形

2. 喷射过渡

熔滴尺寸与焊丝直径相当的情况下，以较高的速度通过电弧空间的过渡形式称为喷射过渡。喷射过渡是较大焊接电流和较高电弧电压条件下发生的熔滴过渡形式。在较大焊接电流和较高电弧电压下，随着电流的增加，熔滴尺寸并不增加，反而缩小，而且焊丝端头逐步深入到熔池凹坑内，熔滴过渡形式转为接近轴向过渡的喷射过渡。

喷射过渡时不再有短路现象发生，焊接过程较为稳定，焊接飞溅也比较小。这种喷射过渡国内习惯上称为"细颗粒过渡"，国外常称为"非轴向射流过渡"。焊丝熔滴呈喷射过渡时，熔滴十分细碎，在熔滴过渡过程中，不会造成电弧弧长的较大起伏，因此电弧电压和焊接电流十分稳定，电弧电压、焊接电流波形只有频率极高的颤动，近似于一条直线。因此，喷射过渡的电压、电流比任何过渡形态时都稳定。

3. 半短路过渡

半短路过渡是在短路过渡的基础上，再增加焊接电流和电弧电压，这时焊丝端头的熔滴随之长大，短路次数减少，短路时间缩短，非短路过渡的比例增加，熔滴呈大滴排斥特点。半短路过渡是一种短路过渡与非短路过渡相混合的过渡形式，焊接过程不稳，飞溅也比较大，这种过渡形式国内习惯上称为大颗粒过渡，生产中一般不被采用。

4.3.3　熔滴过渡形态

1. 短路过渡熔滴形态

短路过渡电弧的燃烧、熄灭和熔滴过渡过程稳定、飞溅小，在要求变形较小的薄板焊接中采用，其熔滴形态如图 4-9 所示。

2. 喷射过渡熔滴形态

在较粗焊丝（$>\phi1.6\text{mm}$）、较大焊接电流（$<400\text{A}$）和较高电压，采用 CO_2 焊时，会出现大颗粒喷射过渡，这种大颗粒呈非轴向过渡，电弧不稳定、飞溅很大、焊缝成形也不好，因此在实际生产中不宜采用；而在较粗焊丝（$>\phi1.6\text{mm}$）、较大焊接电流（$>400\text{A}$）和较高电压，采用 CO_2 焊时，则会出现细颗粒喷射过渡，这种细颗粒也呈非轴向过渡，但电弧稳定、飞溅减小、焊缝成形较好，因此在实际生产中应用广泛，其熔滴形态如图 4-10 所示。

3. 半短路过渡熔滴形态

半短路过渡是介于上述两种过渡形式之间的一种过渡形式，焊接中电弧潜入凹坑中，焊丝端头在焊件表面以下，熔滴由非轴向滴状过渡转变为细小的、轴向性很强的喷射过渡，伴有瞬时短路现象，它使金属飞溅量大大减少，焊接过程稳定、母材熔深大，生产中被应用于中等厚度和大厚度板材的水平位置焊接，其熔滴形态如图 4-11 所示。

图 4-9　短路过渡熔滴形态　　　图 4-10　喷射过渡熔滴形态　　　图 4-11　半短路过渡熔滴形态

4.4　CO_2焊焊接工艺

4.4.1　CO_2焊常见的焊接接头形式

CO_2焊常见的焊接接头形式有对接、搭接、角接和 T 接等 4 种，如图 4-12 所示。

焊接方法按操作者的焊接姿势或焊接时工件的摆放位置分为 4 种：平焊、立焊、横焊和仰焊，如图 4-12 所示。

1）立焊——焊缝与地面垂直。

2）平焊——焊缝与地面平行，焊道为竖线。

3）仰焊——焊缝与地面平行，且焊道在下面。

4）横焊——焊缝与地面平行，焊道为水平线。

| 对接 | 搭接 | 角接 | T 接 |

| 水平焊 | 立焊 | 横焊 | 仰焊 |

图 4-12　常见的焊接接头形式

4.4.2　CO_2焊工作过程

CO_2焊的工作过程：按下焊枪开关→提前送气→慢送焊丝同时通电→引弧成功后正常送焊丝→根据收弧工作方式焊接→停止焊接瞬间→焊机继续工作 0.1 ~ 0.2s 将焊丝进行回烧→焊机输出低电压(12 ~ 14V)消熔球(以利再次引弧)→滞后停气。

电源的空载电压选择高些(约 70V 左右)，以保证频繁引弧时能稳定可靠。

4.4.3　CO_2焊主要焊接参数

CO_2焊在焊接中需要的主要焊接参数有 7 个，分别为气体、焊丝、焊丝伸出长度、焊接电流、焊接电压、焊接速度和极性，如图 4-13 所示。

1. 保护气体 CO_2

1）纯度(质量分数)：纯度要求大于 99.5%，含水量小于 0.05%。

2）性质：无色、无味、无毒，是空气密度的 1.5 倍。

3）存储：瓶装液态，每瓶内可装入 25 ~ 30kg 液态 CO_2，密度比水轻。

4）加热：汽化过程中大量吸收热量，因此流量计必须加热。

5）容量：每千克液态 CO_2 可释放 510L 气体，一瓶液态二氧化碳可释放 15000L 左右气体，约可使用 10 ~ 16h。

图 4-13　CO_2 焊在焊接中需要的主要焊接参数

6）流量：焊接电流小于 200A 时气体流量为 15 ~ 20L/min；焊接电流大于 200A 时气体流量为 20 ~ 25L/min。

7）提纯：静置 30min，倒置放水分，正置放杂气，重复两次，如图 4-14 所示。

图 4-14　CO_2 的提纯

8）产生气孔的原因：CO 气孔：焊丝不合格、工件含碳量大；H_2 气孔：水、油、锈；N_2 气孔：主要原因是气体保护效果不好；气瓶无气；气路漏气（接头处未紧固、流量计堵塞、流量过小、未加热、电磁阀坏、送丝管密封圈坏、热塑管坏、枪管密封圈坏、气筛坏）；喷嘴堵塞严重；喷嘴松动、焊枪角度太大；焊丝伸出长度大；规范不对，焊接部位有风，如图 4-15 所示。

图 4-15　产生气孔的原因

2. 焊丝

因 CO_2 是一种氧化性气体，在电弧高温区可分解为一氧化碳和氧气，具有强烈的氧化作用，使合金元素烧损，所以用 CO_2 焊时为了防止形成气孔、减少飞溅和保证焊缝较高的力学性能，必须采用含有 Si、Mn 等脱氧元素的焊丝，焊机常用的焊丝有 ER49-1 及 ER50-6 等牌号，规格主要有 $\phi1.2mm$ 和 $\phi1.6mm$ 两种。

CO_2 焊使用的焊丝既是填充金属又是电极，所以焊丝既要保证一定的化学性能和力学性能，又要保证具有良好的导电性能和工艺性能。CO_2 焊用焊丝分为实心焊丝和药芯焊丝两种。

焊丝成分：

· $2FeO + Si$　　　　　$2Fe + SiO$（高熔点）　　　　　［实心焊丝］

· $FeO + Mn$　　　　　$Fe + MnO$（密度大）　　　　　［药芯焊丝］

硅与锰的氧化物形成硅酸盐，其熔点为 1270℃，密度也较小（约 $3.6g/cm^3$），同时易结成大块并以渣的形式浮出熔池表面。

焊渣的成分：$FeO14\%$、$MnO47\%$、$SiO_234\%$。

图 4-16　焊丝从导电嘴到工件的距离

3. 焊丝伸出长度

焊丝从导电嘴到工件的距离称焊丝伸出长度，如图 4-16 所示。焊丝伸出长度可根据公式计算，参考选择见表 4-2。

焊接电流小于 300A 时：$L = (10 \sim 15)$ 倍焊丝直径

焊接电流大于 300A 时：$L = (10 \sim 15)$ 倍焊丝直径 $+5mm$

表 4-2　焊丝伸出长度的选择

焊丝直径/mm	干伸长度/mm
0.8	8 ~ 12
1.0	10 ~ 15
1.2	12 ~ 18
1.6	21 ~ 29

选择合适的焊丝伸出长度是保证焊接过程稳定性的重要因素之一。焊接电流一定时，焊丝伸出长度增加，会使焊丝熔化速度增加，但电弧电压下降，电流降低，电弧热量减少。

热量 = 焊丝伸出长度热量 + 电弧热量

过长时：气体保护效果不好，易产生气孔，引弧性能差，电弧不稳，飞溅加大，熔深变浅，成形变坏。

过短时：看不清电弧，喷嘴易被飞溅物堵塞，飞溅大，熔深变深，焊丝易与导电嘴粘连。

4. 焊接电流

根据焊接条件（板厚、焊接位置、焊接速度、材质等参数）选定相应的焊接电流。CO_2 焊焊机调整电流实际上是在调整送丝速度，因此 CO_2 焊焊机的焊接电流必须与焊接电压相匹配，即一定要保证送丝速度与焊接电压对焊丝的熔化能力一致，以保证电弧长度的稳定。焊接电流和送丝速度的关系如图 4-17 所示。同一焊丝，电流越大送丝速度越快；电流相同，焊丝越细送丝速度越快。

图 4-17　焊接电流和送丝速度的关系

5. 焊接电压

焊接电压即电弧电压，其作用是提供焊接能量。电弧电压越高，焊接能量越大，焊丝熔化速度就越快，焊接电流也就越大。电弧电压等于焊机输出电压减去焊接回路的损耗电压，可用下列公式表示：

$$U_{电弧} = U_{输出} - U_{损}（电缆，接触不良）$$

根据焊接条件选定相应板厚的焊接电流，然后根据下列公式计算焊接电压。

<300A 时：焊接电压 = (0.04 倍焊接电流 + 16 ± 1.5)V

>300A 时：　焊接电压 = (0.04 倍焊接电流 + 20 ± 2)V

举例 1：选定焊接电流 200A，则焊接电压计算如下：

$$焊接电压 = (0.04 \times 200 + 16 \pm 1.5)V$$
$$= (8 + 16 \pm 1.5)V$$
$$= (24 \pm 1.5)V$$

举例 2：选定焊接电流 400A，则焊接电压计算如下：

$$焊接电压 = (0.04 \times 400 + 20 \pm 2)V$$
$$= (16 + 20 \pm 2)V$$
$$= (36 \pm 2)V$$

图 4-18　焊接电压对焊接效果的影响

焊接电压对焊接效果的影响如图 4-18 所示。电压偏高时：弧长变长，飞溅颗粒变大，易产生气孔。焊道宽而平，熔深和余高变小。电压偏低时：焊丝插向母材，飞溅增加，焊道变窄，熔深和余高大。

6. 焊接速度

在焊接电压和焊接电流一定的情况下，焊接速度的选择应保证单位时间内给焊缝一定的热量。通常半自动焊：焊接速度为 30 ~ 60cm/min；自动焊：焊接速度可高达 250cm/min 以上。

焊接热量三要素：$Q = I^2Rt$

式中　Q——热量(J)；

I——焊接电流(A)；

R——电弧及焊丝伸出长度的等效电阻(R)；

t——时间，焊接速度越快时间越短(s)。

7. 极性

用 CO_2 焊焊接时，通常是焊枪接焊机的正极、工件接焊机的负极，这种接法称为反极性接法；为了生产的需要有时也采用正极性接法如图 4-19 所示。

反极性接法　　正极性接法

焊枪　　焊枪

工件　　工件

图 4-19　极性接法

反极性接法的特点：电弧稳定，焊接过程平稳，飞溅小。

正极性接法的特点：熔深较浅，余高较大，飞溅很大，成形不好，焊丝熔化速度快（约为反极性的 1.6 倍），只在堆焊时才采用。

4.4.4 CO_2 焊焊接质量

CO_2 焊焊接时的焊缝要求无气孔、咬边、未焊透、焊缝成形不良、焊接飞溅等。

对于焊接现场的检验要求见表 4-3。

表 4-3　焊接现场的检验要求

序号	检验项目	检验标准	工具及方法	记录表格
1	来件质量	达到上道工序目视检验的工艺内容和本工位的工艺要求	目测或钢直尺	
2	熔核/焊缝数量	符合本工位的作业指导书	目测或钢直尺	
3	焊接位置	符合本工位的作业指导书	目测或钢直尺	
4	焊接质量	搭接焊缝的焊脚尺寸 ≥（2 倍薄板厚度 +0.5mm）	目测或钢直尺	自检记录表
		二区以上的熔核焊焊缝表面不允许有大于 0.2mm 飞溅，内部焊点/焊缝的飞溅不允许大于 0.5mm	目测或钢直尺	
		焊缝连续、焊缝内无夹渣、无明显裂纹	目测	
		无大于 1.5mm 的咬边、无大于 2.0mm 的焊瘤，不允许有气孔、烧穿	目测	

4.5　CO_2 焊焊接实例介绍

以常见的药芯焊丝 CO_2 气体保护焊平角焊工艺为例进行分析。

药芯焊丝 CO_2 气体保护焊具有工艺性能好、生产效率高、焊接质量好、生产成本低等优点；从操作性能上看，药芯中各种物质在电弧高温作用下造气、造渣，对熔滴和熔池形成气、渣联合保护，明显改善了焊接性能；熔滴呈射滴过渡，电弧稳定，飞溅小，焊缝成形美观，适合全位置焊接。因此，药芯焊丝 CO_2 气体保护焊被广泛应用于钢结构制造。但如操作不当，会产生气孔、咬边、焊缝成形不良等缺陷，影响产品质量。

1. 焊前准备

焊前应将焊接接头两侧 30mm 范围内影响焊缝质量的毛刺、油污、水锈、氧化皮清理干净。检查 CO_2 气体纯度是否符合要求，CO_2 气体保护焊焊机送丝情况是否正常，气路是否畅通，操作地点是否存在安全隐患，在确保安全的前提下才能施焊。

2. 焊接材料

焊丝采用大桥 ER501T-1ϕ1.2mm 药芯焊丝，CO_2 气体纯度不低于 99.5%（质量分数）。

3. 焊接参数

焊接参数直接影响到焊缝的成形和接头质量。生产中应根据板厚、接头形式及坡口尺寸、焊接位置选择合理的焊接参数。例如焊接钻机平角焊缝时采用二层三道焊，焊接参数见下表 4-4。

表 4-4　焊接参数

焊道顺序	焊道	板材厚度/mm	焊丝直径/mm	焊接电流/A	电弧电压/V	焊丝伸出长度/mm	气体流量/L·min⁻¹
	1 根部焊道			260～300	28～32		
	2 盖面焊道	25	1.2	260～300	28～32	15～20	25～20
	3 第 3 道焊			250～280	26～30		

4. 操作要点

（1）根部焊　根部焊道焊接时采用较大的焊接电流，焊枪指向距根部 1～2mm 处。为保证焊缝熔合良好，焊枪与立板成 35°～45°夹角，如图 4-20 所示。焊接时，采用左向焊法，焊枪做小幅度横向摆动，以获得合适的焊脚尺寸。切不可过分追求获得太大焊脚，否则，会造成液态金属下淌，立板出现咬边，底板产生焊瘤，焊缝成形不良等缺陷。

（2）盖面焊　根部焊道焊完后，将焊道上的焊渣、飞溅清理干净。先焊焊道 2，焊枪指向根部焊道与底板的焊趾处，可采用直线焊接或小幅摆动焊接法。要注意底板一侧达到所要求的焊脚尺寸，同时焊趾整齐美观。焊枪角度如图 4-21 所示。

（3）第 3 道焊　第 3 道焊焊接时，焊接电流要比第 1、2 道小些，焊接速度要快些，以保证焊缝成形，不产生咬边缺陷。焊枪角度如图 4-22 所示。

图 4-20　根部焊

图 4-21　盖面焊

图 4-22　第 3 道焊

5. 注意事项

1）施焊过程中灵活掌握焊接速度，防止未熔合、气孔、咬边等缺陷。

2）熄弧时禁止突然切断电源，在弧坑处必须稍作停留待填满弧坑后收弧，以防止产生裂纹和气孔。

3）当板厚不同时，应使电弧偏向厚板一侧，正确调整焊枪角度以防止咬边、焊缝下垂，保持焊脚尺寸。

4）焊接完成后关闭设备电源，用钢丝刷清理焊缝表面，目测或用放大镜观察焊缝表面是否有气孔、裂纹、咬边等缺陷，用焊缝检验尺测量焊缝外观成形尺寸。

本章小结

1. 基本的焊接方法通常分为三大类，即熔化焊接、压力焊及钎焊。

2. CO_2 焊具有焊接成本低、生产效率高、焊后变形小、抗锈能力强等特点，当然也存在一些不足。

3. CO_2 焊有三种熔滴过渡形式：第一种是较小电流，较低电弧电压下的短路过渡；第二种是较大电流，较高电弧电压下的喷射过渡（细颗粒过渡）；第三种是介于上述二者之间的半短路过渡（混合过渡）。

4. 常见的焊接接头形式有对接、搭接、角接、T 接等 4 种；焊接方法按操作者的焊接姿势或焊接时工件的摆放位置，分为 4 种：平焊、立焊、横焊、仰焊。

5. CO_2 气体保护焊在焊接中需要的主要参数有 7 个，分别为气体、焊丝、焊丝伸出长度、焊接电流、焊接电压、焊接速度和极性。

6. CO_2 气体保护焊焊接时，通常是焊枪接焊机的正极，工件接焊机的负极，即反极性接法；为了生产的需要有时也采用正极性接法。

7. CO_2 气体保护焊焊接时，焊缝要求：无气孔、咬边、未焊透、焊缝成形不良、焊接飞溅等。

复习思考与练习

1. 想一想

1）焊接为什么在车身制造中成为一种主要的连接方式？

2）焊接薄板是用焊条电弧焊好还是 CO_2 焊好？

3）平焊与仰焊相比，哪个容易实现？

4）CO_2 焊与普通焊条电弧焊相比对操作者的健康影响哪个大？

5）CO_2 焊平焊是从左往右焊好还是从右往左焊好？为什么？

2. 做一做

1）CO_2 气体保护焊有何优点？

2）CO_2 气体保护焊如何防止气孔的产生？

3）焊接通常如何进行分类？

4）什么是熔滴过渡？CO_2 焊通常有哪 3 种过渡形式？

5）常见的焊接接头形式有哪几种？从操作者的操作姿势来看焊接方法有哪几种？

6）试简述 CO_2 焊的工作过程。

7）CO_2 焊的主要焊接参数有哪几个？

8）CO_2 焊焊接时正极性接法和反极性接法各有什么特点？

第5章

汽车车身激光焊焊接工艺

学习目标 ▶

1. 了解激光的特点及生产的基本原理。
2. 了解激光器的结构及各部分作用。
3. 掌握激光焊的原理及特点。
4. 知道激光焊接设备及辅助工具。
5. 掌握脉冲激光焊接和连续激光焊接的工艺参数。
6. 知道激光焊焊缝质量标准及判定。
7. 知道激光焊接的检测方法。
8. 了解激光焊接在汽车制造中的运用。

激光焊接是利用激光进行加工的制造技术应用的重要方面之一。激光焊接有两种基本模式，即热导焊和深熔焊。激光焊接由于其独特的优点，已成功应用于航空航天、机械汽车制造、电子电工等行业。汽车行业现阶段激光焊接主要用于焊接薄壁材料和低速焊接，焊接过程属热传导型，即激光辐射加热工件表面，表面热量通过热传导向内部扩散，通过控制激光脉冲的宽度、能量、峰值功率和重复频率等参数，使工件熔化，形成特定的熔池。

5.1 激光产生的基本原理

激光因具有单色性、相干性、高能量和平行性等特点，适用于材料加工，尤其是激光的空间控制性和时间控制性很好，对加工对象的材质、形状、尺寸和加工环境等的适用范围很广，特别适于自动化加工。目前国内外已开发出20多种激光加工技术，近年来，国内各大汽车制造公司在车身制造中，也首先考虑用激光热加工技术取代传统工艺，并显现出极好的应用前景。为了提高加工的效率、降低成本、加快产品的更新换代，欧美国家50% ~ 70%的汽车零部件加工都用激光技术来实现。激光技术现已普遍用于汽车的焊接、切割、钻孔、打标及其他制造过程，从而使汽车性能得到改进。

5.1.1 光的激励辐射

从物理学得知，原子是由中心部分带正电荷的原子核与在核的周围轨道上运行并带负电荷的电子组成，如图5-1所示。每种元素的原子都有自己确定的电子轨道状态和电子数。原子的能量由在轨道上运动的电子的动能和所在轨道的势能之和表征。越靠外层的电子能量越大。

电子所处的能量较低的轨道(形态)称为基态、能量比基态高的状态则称为激发态。原子中的电子从某能级转移到另一能级的现象称为电子的跃迁。发光时,原子内发生的电子跃迁是电子由激发态(用 E_2 表示)跃迁到能量较低的状态(用 E_1 表示),将能量的差($E_2 - E_1 = \Delta E$)以辐射出光子的形式表现出来。光子频率 $v = \Delta E/h = (E_2 - E_1)/h$($h$ 是普朗克常数)。

原子辐射出光子的现象称为辐射。完全不受外界影响、具有随机统计规律性质的辐射,称为自发辐射,如图5-2所示。自发辐射时高能态的原子自发地辐射出光子并迁移至低能态。这种辐射的特点是,每一个电子的跃迁是自发地、独立进行的,其过程全无外界的影响,彼此之间也没有关系,因此它们发出的光子的状态是各不相同的,这样的光相干性差,方向散乱。

图5-1　原子是由中心部分带正电荷的原
子核与在核的周围轨道上运行
并带负电荷的电子组成

图5-2　自发辐射

如果用外界的光照射处于激发态的原子,并且外界光的频率恰好等于激发态的电子跃迁发射光子的频率,原子就受激励发射光子,此时,原子发射光波的频率、相位乃至传播方向都与原入射光相同。这种原子发射光子的现象称为受激辐射。

受激辐射的最大特点是由受激辐射产生的光子与引起受激辐射的原来的光子具有完全相同的状态,它们具有相同的频率、相同的方向,完全无法区分出两者的差异。这样,通过一次受激辐射,一个光子变为两个相同的光子,如图5-3所示,因此光被加强了,或者说光被"放大"了,这正是产生激光的基本过程。

图5-3　一个光子变为两个相同的光子

5.1.2　光的吸收

原子外围轨道上的电子,也会吸收外界来的能量($hv = E_2 - E_1$),由 E_1 态跃迁到 E_2 态,这是受激发射的逆过程,如图5-4所示。

光的吸收和受激辐射是激光的最基本物理现象。

5.1.3　激光与激光器

1. 激光的定义

在英文中激光的表示是 Light Amplification by Stimulated Emission of Radiation，意思是受激辐射并放大的光。

2. 激光器的基本构成

激光器是产生激光的装置。激光器种类很多，但其构造原理基本相同，主要由激励系统、激光物质和光学谐振腔 3 部分组成，如图 5-5 所示。

图 5-4　受激发射的逆过程

图 5-5　激光器的基本构成

（1）激励系统　激励系统的功能是将能量灌输到激光物质的内部，以便使激光物质的原子中的电子跃迁到较高的能级。激励系统是产生光量、电能或化学能的装置。目前使用的激励手段主要有光照、通电或化学反应等。激励系统的技术手段与将水由低处泵往高处类似，因此，激励系统也称为激光泵浦。

固体激光器的激励系统是利用光的照射，即所谓"光泵"。光泵往往是充有各种惰性气体的弧光灯，如氙灯（图 5-6）、氪灯（图 5-7）等；半导体激光器的激励系统，有的是在 PN 结上通过大电流（图 5-8）、有的是用电子束照射半导体器件、也有的光泵往往本身也是半导体激光器件——激光二极管。近年来也开发出以激光二极管作为光泵的固体激光器，如图 5-9 所示。

图 5-6　氙灯

图 5-7　氪灯

图 5-8　在 PN 结上通过大电流

图 5-9　激光二极管

（2）激光物质　受激辐射是产生激光的首要条件，也是必要条件，但还不是充分条件。如果让这些受激光子一个一个地发射出来，是不能形成强大的能量的。一般的，电子被激发到高能级后，在高能级上停留的时间是短暂的。而有些物质的电子处于第二能级 E_2 的时间较长，仅次于基态能级 E_1，这个能级就叫做亚稳态能级。要形成激光，激光工作物质必须具有亚稳态能级。

外来的光子能激发出光子，产生受激辐射，但也可能被低能级所吸收。在激光工作物质中，受激辐射和受激吸收这两个过程同时存在。在常温下，吸收多于发射。选择适当的物质，使其在亚稳态能级上的电子比低能级上的电子还多，即形成粒子数反转，使受激发射多于受激吸收，激光物质也必须符合这一条件。

激光物质可能是固体，如红宝石（图 5-10）、钕玻璃（Nd3 + YAG）（图 5-11）、半导体等；激光物质也可能是气体，如氖气、氦气、氩气、CO_2 气（图 5-12）等；激光物质还可能是半导体、液体。

图 5-10　红宝石

图 5-11　钕玻璃

图 5-12　激光物质也可能是气体，如氖气、氦气、氩气、CO_2 气

（3）光学谐振腔　激光器中开始产生的光子是自发辐射产生的，其频率和方向杂乱无

章。要使频率单纯、方向集中，就必须有一个光学振荡腔。

激光器的发光是利用光的受激辐射原理。处于粒子数反转分布状态的大多数电子在受到外来入射光子激励时，会同步发射光子，受激辐射的光子和入射光子不仅波长相同，而且相位、方向也相同。这样由弱的入射光激励而得到了强的发射光，起到了光放大作用。

但是仅仅有光放大功能还不能形成光振荡，在激光器中借用电子电路的反馈概念，把放大了的光反馈一部分回来进一步放大，产生振荡，发出激光。这种用于实现光的放大反馈的装置称为光学谐振腔。可以这样来对比：LC 振荡器是电（子）流的振荡放大装置；而光学谐振腔是光（子）波的振荡放大装置。

图 5-13 是一般固体激光器的光学谐振腔原理示意图，光学谐振腔主要是由两个光反射镜片及两镜片之间形成的空间腔体组成。其中的一片为全反射镜片，另一片为部分反射镜片，受激辐射的激光就是在此两镜片之间经振荡、放大、反馈等过程，然后由部分反射镜片输出具有一定波长、相位、方向相同的激光束。

图 5-13　一般固体激光器的光学谐振腔原理

固体激光器的光学谐振腔的两镜片安装于固体激光物质外面，也有的将激光棒两平行端面经光学加工直接形成全反射镜片及部分反射镜片。

气体激光器的光学谐振腔的两反射镜片，有的安装于气体放电管的内部、也有的安装于气体放电管的外部（图 5-14）。

图 5-14　气体激光器的光学谐振腔的两反射镜片

而对半导体激光器来说，被抛光的半导体材料的端面就起谐振镜片的作用。

激光产生的基本原理简单描述：激光物质在激励系统的激励下，通过光学谐振腔的整理，最后产生激光。

5.1.4 激光特点

（1）单色性　在激光器的光学谐振腔内，每个光子受激辐射的激光的相位是完全相同的，如图 5-15 所示，这意味激光是持续时间很长的正弦波。

（2）相干性　单色光通过双窄缝时会产生干涉条纹，如图 5-16 所示；用激光作光源，通过双窄缝时也会产生干涉条纹，说明激光也是单色光，也就表明激光是具有"时间"和"空间"相干性的光。

图 5-15　激光是持续时间很长的正弦波　　　图 5-16　单色光通过双窄缝时会产生干涉条纹

（3）平行性　激光器的光学谐振腔内的激光束是平行性极好的单色光束，如图 5-17 所示，这也表明激光束是完整的平面波，也就是说，它不"发散"。

利用适当的透镜聚焦系统（图 5-18、图 5-19 只示意地给出透镜聚焦系统，而实际的激光器根据用途的不同，有着复杂的聚焦系统），可将平面波激光束收敛为球面波，这就能将激光束聚集在非常小的一点上，形成所谓的激光光斑。于是，在单位面积上聚集了光强极大的激光，这正是使激光有了广阔用场的主要原因，如激光焊接、激光切割、激光扫描、激光打标、激光测距、激光武器、激光唱片等。

图 5-17　激光谐振腔内的激光束是平行性极好的单色光束　　图 5-18　透镜聚焦系统 1

图 5-19　透镜聚焦系统 2

5.2　激光焊

5.2.1　激光焊的基本原理

激光焊的基本原理：激光束轰击金属表面形成蒸气，蒸发的金属可防止剩余的能量被金属反射掉。如果被焊金属具有良好的导热性能，则会得到较大的熔深。激光束在材料表面的反射、透射和吸收，本质上是光波的电磁场与材料相互作用的结果。激光束射入材料时，材料中的带电粒子随着光束电矢量的步调振动，使光束的辐射能变成了电子的动能。物质吸收激光后，产生热能，熔化工件，进行焊接或切割。

5.2.2　激光焊的分类

世界上的第一个激光束是于 1960 年利用闪光灯泡激发红宝石晶粒所产生的，因受限于晶体的热容量，只能产生很短暂的脉冲光束且频率很低。虽然瞬时脉冲峰值能量可达 1MW，但仍属于低能量输出。

随着技术的发展，相继出现以钕（Nd）、CO_2 气体、半导体二极管、液体等为激发元素的激光器，但广泛应用的激光焊按激光物质分为两大类：

1）固体激光焊，以固体为工作介质。产生的激光呈脉冲式、波长短、功率低。

2）气体激光焊，以气体或金属蒸气作为工作介质，产生的激光呈连续式、波长长、功率大。

5.2.3　激光焊的优缺点

1. 激光焊的优点

1）激光焊焊接速度快、精度高、变形小。

2）能在室温或特殊条件下进行焊接，焊接设备装置简单。激光通过电磁场时，光束不会偏移；激光在真空、空气及某种气体环境中均能施焊，并能通过玻璃或对光束透明的材料施焊。

3）可焊接难熔材料，如钛、石英等，并能对异性材料施焊，效果良好。

4）激光聚焦后，功率密度高，在高功率器件焊接时，深宽比可达 5∶1，最高可达 10∶1。

5）可进行微型焊接。激光束经聚焦后可获得很小的光斑，且能精确定位，可应用于大批量自动化生产的微、小型工件的组焊中。

6）可焊接难以接近的部位，进行非接触远距离焊接，具有很大的灵活性。尤其是近几年来，在 YAG 激光加工技术中采用了光纤传输技术，使激光焊接技术获得了更为广泛的推广和应用。

7）激光束易实现光束按时间与空间分光，能进行多光束同时加工及多工位加工，为更精密的焊接提供了条件。

2. 激光焊接的局限性

1）要求焊件装配精度高，且要求光束在工件上的位置不能有显著偏移。这是因为激光聚焦后光斑尺寸小，焊缝窄，需加填充金属材料。若工件装配精度或光束定位精度达不到要求，很容易造成焊接缺陷。

2）激光器及其相关系统的成本较高，一次性投资较大。

5.3 激光焊所用设备及辅助工具

5.3.1 激光焊焊接技术的可行性

激光有很多特性：首先，激光是单色的，或者说是单频的，有一些激光器可以同时产生不同频率的激光，但是这些激光是互相隔离的，使用时也是分开的；其次，激光是相干光，相干光的特征是其所有的光波都是同步的，整束光就好像一个"波列"；再次，激光是高度集中的，具有平行性，也就是说它要传播很长的一段距离才会出现分散或者收敛的现象。

激光这些独特性质加上由此而来的超高亮度、超短脉冲等性质使它已经牢牢地和现代产业结合在一起，这些特性非常适合焊接加工。

5.3.2 激光焊所用设备

激光焊所用设备由激光器、导光系统和数控加工机床或焊接机器人等 3 大部分以及相关辅助设备所组成，如图 5-20 所示。激光器是焊接系统的主要部件，激光器的性能直接影响到激光加工质量。

激光发生器　　　冷却器　　　控制系统

导光系统　　　光缆

图 5-20　激光焊所用设备及辅助工具

1）激光焊的关键设备是激光器，一般按产生激光的工作物质不同来分类，主要有半导体（GaAs、InP 等）激光器、固体（Nd、YAG 等）激光器、气体（CO_2、He－Ne 等）激光器、液体（可调谐染料等）激光器、化学激光器、自由电子激光器等。目前广泛应用的是其中的两大类：一类是气体激光器，气体激光器以气体或金属蒸气作为工作介质，产生均匀的 $10.6\mu m$ 的红外激光，可以连续工作并输出很高的功率，标准激光功率在 $2 \sim 5kW$ 之间，它是目前种类最多、激励方式最多样化、激光波长分布区域最宽、轻易实现大功率连续输；另一类是固体激光器，将产生激光的粒子掺于固体基质，其浓度比气体大，因而可以获得比较大的激光能量输出，具有能量大、峰值功率高、机构紧凑、牢固耐用等特点，适用于柔性制造系统或远程加工，通常用于焊接精度要求比较高的工件。

按能量输出方式分，有脉冲激光器和连续激光器。脉冲激光器产生的激光，加热斑点小，约为微米级，瞬时功率大，每个激光脉冲在金属上形成一个熔核；连续激光器结构简单、输出功率范围大、能量转换高。

2）导光系统主要由激光测量系统、光束改善系统、光闸系统、45°反射镜及激光加工头等组成。

3）数控加工机床主要功能是使激光加工头和工件做相对运动，实现激光加工。机床驱动部分可根据用户所需采用交流伺服电动机或直流伺服电动机。当空间狭小、距离较长或者路径不规则时，焊接的操作经常会用到焊接机器人。

5.3.3 激光焊的辅助设备

为保证激光焊的顺利进行，提升自动化程度，通常还需要一些辅助设备：

（1）焊接夹具 焊接夹具可以保证激光焊焊接时所焊接板材或总成的精确定位，保证焊缝间隙，防止焊接变形，从而提高激光焊接接头的质量。

（2）激光焊控制系统 激光焊控制系统主要包括焊接过程的视频监视系统、焊缝自动跟踪系统和矫正系统、送丝控制系统等。对于不同的激光焊焊接方式，控制系统的组成也有所相同。

（3）冷却机组 当冷却内循环的温度超过 39℃ 时，冷却机组冷却外循环工作，使激光共振器和放大器在 30℃ 正常工作。

激光焊焊接技术在制造领域的应用稳步增长，由脉冲到连续、由小功率到大功率、由薄板到厚件、由简单单焊缝到复杂外形，激光焊在不断地演化过程中已逐步成为一种成熟的现代加工技术。随着激光输出功率的提高，特别是大功率 CO_2 激光器的出现，激光深穿透技术在国内外都得到了迅速发展，最大的焊接深宽比已经达到了 12:1，激光焊焊接材料也由一般低碳钢发展到了镀锌板、铝板、钛板、铜板和陶瓷材料，激光焊焊接速度已达到了每分钟几十米。

5.4 激光焊的焊接参数及基本焊接技术

根据激光对工件的作用方式，激光焊可分为脉冲激光焊和连续激光焊。脉冲激光焊时，输入到工件上的能量是断续的、脉冲式的，每个激光脉冲在焊接过程中形成一个圆形熔核；连续激光焊在焊接过程中形成一条连续的焊缝。两种激光焊有不同的焊接参数，分别介绍如下。

5.4.1 脉冲激光焊的焊接参数

1. 功率密度

功率密度是激光焊中最关键的参数之一。采用较高的功率密度，在微秒时间范围内，表层即可加热至沸点，汽化。因此，高功率密度对于材料去除加工，如打孔、切割、雕刻有利。采用较低功率密度，表层温度达到沸点需要经历数毫秒，在表层汽化前，底层达到熔点，易形成良好的熔融焊接。

2. 激光脉冲波形

激光脉冲波形在激光焊中是一个重要参数，尤其对于薄片焊接更为重要。当高强度激光束射至材料表面，金属表面将会有 60% ~ 98% 的激光能量反射而损失掉，且光谱反射比随表面温度变化。在一个激光脉冲作用期间内，金属光谱反射比的变化很大。

3. 激光脉冲宽度

脉宽是脉冲激光焊的重要参数之一，它既是区别于材料去除和材料熔化的重要参数，也是决定加工设备造价及体积的关键参数。

4. 离焦量

激光焊中通常需要一定的离焦量，由于激光焦点处光斑中心的功率密度过高，被焊接材料能轻易蒸发成孔，而离开激光焦点的各平面上，功率密度分布相对均匀。离焦方式有两种：正离焦与负离焦。焦点平面位于工件上方为正离焦，反之为负离焦。按照几何光学理论，当正负离焦量相等时，所对应平面上功率密度近似相同，但实际上所获得的熔池外形不同。负离焦时，可获得更大的熔深，这与熔池的形成过程有关。实验表明，激光加热 $50 \sim 200\mu s$ 时材料开始熔化，形成液相金属并出现部分汽化，形成高压蒸气，并以极高的速度喷射，发出刺眼的白光。与此同时，高浓度气体使液相金属运动至熔池边沿，在熔池中心形成凹陷。当负离焦时，材料内部功率密度比表面还高，易形成更强的熔化、汽化，使光量向材料更深处传递。所以在实际应用中，当要求熔深较大时，采用负离焦；焊接薄材料时，宜用正离焦。

5.4.2 连续激光焊的焊接参数

1. 激光功率

激光功率是指激光器的输出功率，没有考虑导光系统和聚焦系统所引起的损失，是连续激光焊最关键的参数之一。连续工作的低功率激光器可在薄板上以低速产生有限传热焊缝。高功率激光器则可用小孔法在薄板上以高速产生窄的焊缝，也可用小孔法在中厚板上以低速产生深宽比较大的焊缝。

2. 焊接速度

焊接速度的快慢会影响单位时间内的热输入量。焊接速度过慢，则热输入量过大，导致工件烧穿；焊接速度过快，则热输入量过小，造成工件焊不透。

3. 光斑直径

通常来讲，光斑直径越小，功率密度越高。

4. 离焦量

离焦量不仅影响焊件表面激光光斑大小，而且影响光束的入射方向，因而对焊接熔深、焊缝宽度和焊缝横截面形状有较大的影响。离焦量很大时，熔深很小，属于传热焊，当离焦量减小到某一值后，熔深发生跳跃性增加，标志着小孔（把材料熔穿形成小孔）产生。

5. 保护气体

保护气体有两个作用：一是保护焊缝金属不受有害气体的侵袭，防止氧化，提高接头的性能；二是影响焊接过程中的等离子体，抑制等离子云的形成。保护气体通常采用 Ar或 He。

5.4.3 激光焊的焊接方法

1. 焊接接头形式

焊接接头形式主要有以下 10 种，如图 5-21 所示，最常见的为对接接头和搭接接头。激光焊对焊件装配质量要求较高，对接焊时，如果接头错边太大，会使入射激光在板角处反射，焊接过程不稳定；薄板焊时，如果间隙太大，焊后焊缝表面成形不饱满，严重时形成穿孔；搭接焊时，板间间隙过大容易造成上下板间熔合不良。经验表明，间隙超过板厚的 3%，焊缝将不饱满。

图 5-21　激光焊焊接接头形式

焊接过程中，焊件应夹紧，以防止焊接变形。对于钢材的焊接，焊接前需进行除锈、脱脂处理，要求较严格时，需先打磨，然后用酒精、洗涤剂等进行清洗。

激光焊适合于自熔焊，一般不添加焊接材料，靠被焊材料自身的熔化形成焊缝。但有时为了提升装配精度、改善焊缝成形和提高焊接结构的适应性，也需加填充金属焊丝。

2. 焊接形式

（1）片与片间的焊接　一般采用手动焊接和自动焊接，包括对焊、端焊、中心穿透熔化焊、中心穿孔熔化焊等 4 种焊接方法。

（2）丝与丝的焊接　一般采用手动焊接和半自动焊接，包括丝与丝对焊、交叉焊、平行搭接焊、T 形焊等 4 种工艺方法。

（3）不同金属的焊接　焊接不同类型的金属要分析焊接性与焊接参数范围，不同材料之间的激光焊只有某些特定的材料组合才有可能，如铁和铜、铜和锂可焊接，但铜和铝就不能焊接。

（4）金属丝与块状焊件的焊接　采用激光焊接可以成功地实现金属丝与块状焊件的焊接，块状焊件的尺寸可以任意。在焊接中应注意丝状焊件的几何尺寸。

（5）块状物件补焊　采用激光将激光焊丝熔化沉积到基材上，一般适合模具等产品的修补。

5.5　激光焊焊缝质量标准及判定

5.5.1　激光焊的质量检测

由于汽车激光焊焊接过程的复杂性以及众多的影响因素，当出现加工质量下降时，无法用一个概括的原因来进行解释。一般激光焊焊缝轨迹的开始和结尾段被认为是最为关键的地方。汽车白车身激光焊中的一些典型缺陷，如图 5-22 所示。

1）焊缝不连续：焊缝塌陷或凸起，影响美观，同时影响结构性能。

2）穿透性孔洞：材料被焊穿产生较大的孔洞，影响质量和美观。当毛孔的直径小于

图 5-22 汽车白车身激光焊中的一些典型缺陷

0.2mm 时就是微小毛孔；当毛孔的直径大于 1.0mm，就被称为空洞。

3）焊缝飞溅：因激光焊机参数选择不当，导致熔化的金属飞溅。

4）焊缝贯穿：使焊缝处性能不稳定、容易被破坏。

5）焊缝表面有凹陷（或有气孔）：密封不严，容易破损。

6）假焊：也称虚焊，起不到任何作用，要极力避免。

7）焊缝开头/焊缝结尾问题：在加工件的边缘会出现焊缝填充不足或过剩的现象。

5.5.2 影响汽车激光焊焊接质量的因素

实际生产中质量缺陷产生的可能原因：

（1）激光设备的原因

1）脏了的保护玻璃镜片或激光器中老化的弧光灯都会降低激光的功率。

2）激光的焦点位置不正确。当激光焦点的直径太小时，太多的激光能量被集中在焊条上，因此使焊料变得过热，而同时加工件的侧边却没有得到足够的加热，这样焊料就不容易流到加工件的缝隙中去。而激光焦点的直径太大时，激光能量不集中，焊接不牢。

（2）其他的原因

1）焊枪预热温度错误。

2）焊条引导速度不恒定或与激光设备加工头速度不相符或者机器人速度波动等。

3）由于熔液的凝固而引起的气体分子的泄漏。

（3）间隙尺寸原因　被焊接工件之间的间隙尺寸超过了激光设备的要求。

5.5.3 汽车激光焊的质量控制

1. 设备保养

在汽车激光焊的质量缺陷及影响的因素中，大多数质量缺陷都是设备故障造成的，因此日常的设备保养和维修显得尤为重要。以下总结了激光焊设备保养的几个要求：

1）每天检测保护玻璃镜片，对损坏的镜片及时更换。

2）每天需清理夹具的焊接飞溅残留物并紧固夹具的固定螺栓。

3）每周检查激光器中的弧光灯，及时更换老化的弧光灯。

4）对一些辅助设备例如机器人、送丝机构等都需进行一些日常保养。

2. 焊接工件的尺寸精度要求

激光焊对焊件装配精度要求也非常高，若工件装配精度或光束定位精度达不到要求，很容易造成焊接缺陷，所以良好而精确的夹紧技术是激光焊的保证。普通焊接对被焊接零件间的配合间隙要求在 2mm 左右，而激光焊理想的情况是配合间隙越小越好，通常在白车身生产中以被焊接零件间的配合间隙 0.2mm 来控制。

3. 车身功能尺寸的质量控制

根据现场白车身激光焊焊接质量控制经验，成立一个尺寸小组对影响激光焊焊接质量的关键尺寸进行监控是很有必要的。尺寸小组由测量部门、生产部门、质保部门和样板部门组成。小组成员定期召开尺寸会议讨论并解决出现的尺寸偏差。测量部门需每天对关键尺寸进行测量并提供相应的报告，生产部门需及时的反馈信息，质保部门对产生的质量问题进行判定，并协同样板部门制定解决方案。

5.5.4　激光焊焊接质量的检验

焊接质量检验方法有很多，一般可以按以下方法分类：

1. 按焊接检验数量分

（1）抽检　在焊接质量比较稳定的情况下，如自动焊、摩擦焊、氩弧焊等，当焊接参数调整好之后，在焊接过程中质量变化不大，比较稳定，可以对焊接质量进行抽样检验。

（2）全检　对所有焊缝进行 100% 的检验。

2. 按焊接检验方法分

（1）非破坏性检验

1）目视检验。激光焊焊缝非破坏性检验主要是目视检验。检验者采用一些适宜的工具如放大镜、相机或其他测量检验工具对焊缝的存在、数量、长度、外观及位置按照图样要求进行检查。在上面提到的激光焊焊接质量缺陷中，气孔、焊接飞溅、焊穿、焊缝中断、边缘熔接等问题都是可以通过目视检验出来。在汽车白车身生产过程中要求对每一条焊缝都进行目视检验来评判它的质量。

2）耐压试验。耐压试验包括水压试验和气压试验等。水压试验用于检验受压容器的强度和焊缝致密性，试验压力是工作压力的 1.25～1.5 倍。气压试验通常用于低压容器和管道的检验，试验要在隔离场所进行。试验前在输气管道上要设置一个储气罐，储气罐的气体出入口均装有气阀、工作压力计和监控压力计以保证进气稳定，所用气体应是干燥、洁净的空气、氮气或其他惰性气体，当试验压力达到规定值(一般为产品工作压力的 1.25～1.5 倍)时，关闭气阀，停止加压。注意施压下的产品不得敲击、振动和修补焊缺陷，停止加压后，用涂肥皂水检漏或检验工作压力表数值变化，如没有发现漏气或压力表数值稳定，则为合格。

3）无损检测。无损检测包括射线探伤、磁粉探伤、渗透探伤等。射线探伤和超声波探伤是用专门仪器检查焊接接头是否有内部缺陷，如裂纹、未焊透、气孔、夹渣等；磁粉探伤是利用处于磁场中的焊接接头表面磁粉所具有的特征来检查铁磁性材料表面及近表面是否有缺陷(如微裂纹等)；渗透探伤是用带有荧光染料(荧光法)或红色染料(着色法)的渗透剂对焊接缺陷的渗透作用来检查表面是否有微裂纹。

（2）破坏性检验　激光焊焊缝的破坏性检验分金相试验和凿击检验两种。

1）金相试验。金相试验是通过显微镜对激光焊缝的横断面磨片进行判定的一种检验方法。常见的缺陷一般为无连接、边缘缺口、根部突起等。检验的频次取决于工艺的可靠性，实际生产中由生产部门和各主管的质保部门协商确认，每月至少一次。对由于设备故障或质量缺陷对激光参数进行调整后，必须对焊缝做金相试验评定。

2）凿击检验。凿击检验是借助凿子，使激光焊焊缝受力凿击直至出现断裂，然后测量断裂面（焊缝的长度和宽度）的一种检验方法。凿击检验能反映出激光焊设备的功能可靠性，所以凿击检验一般在离生产线很近的地方进行，当焊缝被发现有不合格时，就可以通知相应工艺和维修人员。在汽车白车身生产中对所有激光焊焊缝以 2 次/月的频次进行凿击检验。

3. 返工方法

对通过上述各种检验方法发现缺陷的激光焊焊缝需进行返工。一般汽车白车身激光焊返工方法如下：

1）电阻定位焊，但电阻定位焊要求有较高的接触位置或法兰边宽度，而且在这种情况下不允许熔核在激光焊焊缝上，也不允许熔核与激光焊焊缝连接在一起。当工件法兰边很短的情况下（<8mm）或不能钻孔时，可在搭接处用 MIG（惰性气体）焊。

2）当搭接接头成角焊缝时可使用 MIG（惰性气体）、MAG（活性气体）焊接。

3）重新进行激光焊焊接，但新焊缝不允许焊接在有缺陷的焊缝上，而只能焊接在焊缝之间的空缺处，返工焊缝长度应与焊缝缺陷位置的长度相同。

5.6 激光焊在汽车车身制造中的运用

激光加工是利用高辐射强度的激光束，经过光学系统聚焦，对工件加工部位施加高温进行热加工的技术。与传统的焊接方法相比，激光焊生产效率高和易实现自动控制的特点使其非常适于大规模生产线和柔性化制造。其中，激光焊在工程车辆制造领域中的成功应用可大大提高生产效率和产品质量，已经凸显出激光焊的巨大优势。

5.6.1 车身激光焊

普通激光焊主要被用于车顶焊接，可以降噪和适应新的车身结构设计。欧洲各大汽车厂如德国大众、宝马公司、瑞典沃尔沃、意大利菲亚特，激光焊绝大多数被用于车顶焊接，如图 5-23、图 5-24 所示。在我国，长春一汽、广汽菲亚特、上海大众也已经在众多车型上采用了激光技术来焊接车顶和侧围外板。

当然，在汽车车身制造中，激光堆焊、激光钎焊应用也越来越多。

由于激光光束可在焦距之内照射堆焊工件（图 5-25），因此，堆焊送丝装置的设计远比等离子弧堆焊的简单方便；又由于激光光束的功率可精度控制，因此激光堆焊的堆焊层质量稳定性高；而有些工件的焊接不宜采用激光熔焊，例如车身的某些对焊接变形要求十分高的部位，但可利用激光作为热源，用光纤进行较远距离传输，施行激光钎焊（图5-26）。

与传统定位焊相比，激光焊焊接质量和效率都大大提高，焊接完毕，无需增加车顶饰条，提高了整车的美观性。

图 5-23 车顶激光焊 1

图 5-24 车顶激光焊 2

图 5-25 激光堆焊

顶盖板　激光钎焊焊缝　侧围板

基于45°装配的定位间隙

图 5-26 激光钎焊

使用激光焊的优点很明显，焊接速度快（以 5~6m/min 的焊接速度，焊接 1.5m 车顶只需十几秒）、焊缝质量好、连接强度高（激光焊焊缝强度是常规电阻定位焊的 1.5 倍）且具有较高的密封性；其缺点是设备投资成本较高，如两台焊接系统的成本约为 250 万美元，远远高于电阻定位焊设备的投资。

现在先进的激光焊为远程激光焊，如图 5-27 所示。此种焊接为非接触式焊接，采用专门的镜头将激光聚焦在 1~2m 远的焊接工件上，镜头由机器人驱动，通过机器人移动和激光聚焦点的变化，灵活地实现各个部位的焊接。远程激光焊技术发挥了单侧、非接触式激光焊带来的技术和经济优势，并将其与高速扫描镜片带来的优势相结合，大大缩短了焊接时间，在整个焊接流程中提高了总生产效率。远程激光焊的优点在于更经济、占用空间更少，相比要使用 6~8 套夹具的电阻定位焊来说，远程激光焊仅需一套夹具。另一方面，远程激光焊的缺点在于其对工件匹配要求很高，这使得设计和制作夹具非常复杂。

图 5-27 远程激光焊

目前普通激光焊和激光钎焊技术已比较成熟，远程激光焊仍然在不断发展中，是一种高效率、灵活的焊接方式。

5.6.2 激光在汽车制造中的其他应用

1. 激光表面处理

激光表面处理通常包括两种工艺技术，即激光表面淬火与激光表面熔覆。激光表面淬火中的激光束使金属表面融化随即冷却凝固，从而得到细微的接近均匀的表层组织。

随着大功率 CO_2 激光器的发展，用激光光束可以实现各种形式的激光表面淬火处理，汽车发动机的许多关键部件，如缸体（图 5-28）、缸套、曲轴、凸轮轴、排气门、阀座、摇臂、铝活塞环槽等几乎都可以采用激光热处理。

2. 激光打标

激光打标是用激光光束在各种不同的物质表面打上标记，如图 5-29 所示。打标的效应是通过表面物质的蒸发露出深层物质，或者是通过光量导致表层物质的化学物理变化而"刻"出痕迹，或者是通过光量烧掉部分物质，显出所需刻蚀的图形、文字。

图 5-28　用激光对缸体进行热处理

图 5-29　激光打标

在白车身制造中，采用激光焊焊接技术可以提高产品设计的灵活性，提高生产效率，增强车身的刚度，提高产品质量和市场竞争力。随着激光技术的不断成熟和成本的逐步下降，各种激光加工工艺必将在汽车制造中得到越来越广泛的应用。

本 章 小 结

1. 激光焊接有两种基本模式，即热导焊和深熔焊；汽车行业现阶段主要用于焊接薄壁材料和低速焊接，焊接过程属热传导型。

2. 激光因具有单色性、相干性、高能量和平行性等特点，适用于材料加工，尤其是激光的空间控制性和时间控制性很好，对加工对象的材质、形状、尺寸和加工环境等的适用范围很广，特别适于自动化加工。

3. 激光器是产生激光的装置，大多由激励系统、激光物质和光学谐振腔三部分组成。

4. 激光焊的原理及分类。

5. 激光焊具有焊接速度快、精度高、变形小等一系列优点，但也存在一些不足。

6. 脉冲激光焊接与连续激光焊接工艺参数略有不同。

7. 激光焊接的缺陷主要有焊接不连续、小孔、空洞等，能根据缺陷分析产生原因。

8. 激光焊接的检测方法主要有非破坏性检验和破坏性检验两大类。

9. 普通激光焊接工艺主要被用于车顶焊接，其他地方的应用也逐渐增多。

复习思考与练习

1. 想一想

1）激光焊通常用在车身制造中的哪些地方？

2）激光焊需要焊丝吗？

3）固体激光焊和气体激光焊相比哪个好？

4）车顶与侧围焊接采用电阻定位焊好还是激光焊好？

5）除了在汽车车身上运用了激光技术外，在哪些领域也用到了激光技术？

2. 做一做

1）简述激光产生的基本原理。

2）激光器由哪3部分组成？并简述各部分的作用。

3）激光的特点有哪些？

4）激光焊的基本原理是怎样的？按激光物质不同激光焊通常分为哪两大类？

5）试说出激光焊的优缺点。

6）激光焊所用设备有哪些？各有什么作用？

7）请分别指出脉冲激光焊与连续激光焊的焊接参数。

8）影响汽车激光焊焊接质量的因素有哪些？

9）检测激光焊焊缝质量的方法有哪几种？

10）激光焊若有缺陷，返工方法有哪几种？

第6章

汽车包边与滚边工艺

学习目标 ▶

1. 了解包边与滚边工艺设备。
2. 知道包边与滚边工艺要求。
3. 知道机器人滚边影响因素。
4. 掌握机器人滚边所用场合。

6.1　概述

6.1.1　概述

包边即通过包边设备将外板折合后包住内板，使之连接成一体，以提高包边件的强度。如今也有一种说法叫滚边，其实滚边也是包边，只不过用的工艺不同。它们的区别在于：滚边是机器人的滚轮对钣金件边沿来回运动，而包边是模具对钣金件边沿整体的冲压。

在汽车制造中，通常使用包边工艺的是四门、发动机舱盖、行李舱盖、左右翼子板、天窗顶棚和左右侧围轮罩等。包边要求外表面光顺平整、没有凹坑、压痕等外表面缺陷，还要保证整个工件的轮廓度和轮廓尺寸精度，但又缺乏完善的理论计算和全面可靠的模拟分析，因此包边工艺对产品设计、设备、工装都有很高的要求。完成包边的常用工艺手段有手工包边、液压包边机包边、专机包边和机器人滚边，其中手工包边由于效率低，重复性差，外观质量难以保证，现已基本不再应用在大批量的工业生产中。

6.1.2　常见的包边设备

1. 液压包边机

该套系统主要由电控系统、液压系统和机械系统构成，其包边的功能实现是由电控系统对包边主机进行控制，液压系统提供包边动力，机械系统执行预包边和本包边，机械部分在下降过程中完成两道工序，分别为45°折弯和90°压平。如图6-1所示，上下虚线框内分别是液压系统和机械系统部分。

液压包边机经历了较长时间的发展，技术较为成熟，包边的质量较好，稳定性也较好，并且可以用于大批量的工业生产中，生产节拍可以达到 40～50s/台。另外，液压包边机在生产不同车型的时候只需更换包边模，就能够实现柔性生产，这种包边方法曾广泛应用于汽车生产中。

2. 机器人滚边

机器人滚边设备（图 6-2）主要由机器人、滚边胎膜、滚头装置和电气控制系统组成。机器人滚边一般由 3 道工序完成：90°→60°→30°→0°，在工件形状比较规则的时候，也可以两道工序完成滚边，特殊部位（复杂工件的过渡区域）则需要通过 4 道滚边工序完成。机器人滚边通过近年来的发展，技术已较为成熟，能满足较高的生产要求，投资成本较低，后期维护较为简单，也能实现柔性切换生产，但若生产节拍超过 60s/台，机器人滚边方法还是较难实现的，同时，机器人滚边对冲压的工件状态要求更高。

图 6-1　液压包边机

图 6-2　机器人滚边
1—机器人　2—胎膜　3—机器人滚头

机器人滚边工艺起源于欧洲，目前在国内的主机厂已经被大量使用。机器人滚边的供应商在国内主要有 Edag、ABB、COMAU、Thyseen Krupp 等。滚头作为机器人滚边的核心技术，各家公司都有自己的风格并申请了专利保护。国内使用较多的是 Edag、Kuka、ABB、COMAU 滚头，其中 Edag、ABB、COMAU 使用的滚头是通过气缸或者弹簧来调整预滚边压力和最终压力的，Kuka 公司使用的滚头是通过一套伺服机构来控制滚边压力的，但 Kuka 的滚头只能与 Kuka 的机器人配合使用，不能与其他机器人进行配套使用。

3. 包边专机

包边专机是由液压站提供压力按照一定顺序驱动液压缸动作，带动包边模块向定位好的工件翻边用力，分步实现 45°和 90°包边的一套轻量化系统。

包边专机主要由液压站、定位压紧装置、底模、角部包边总成、包边总成和底部组件构成，其特点如下：

1）包边专机系统投资低，适合大批量或小批量生产。

2）设备组件多为标准件。

3）节拍与液压机包边一样，平均可达到 40～50s/台。

4）设备所占空间小，对地基无特殊要求，搬迁方便。

5）设备调试人员可以观察到包边过程，调试简单。

6）多个包边专机可共用一个液压站，重复投资较低。

7）设备简单、维修费用较低等。

6.2 汽车包边工艺介绍

6.2.1 包边类型及缺陷

汽车上的门、盖大多都采用包边工艺，包边类型根据产品的设计特征各有不同，在不同的位置有不同的包边方式。主要包边类型见表6-1。

表6-1 包边类型

类 型	包边形式	包边说明	备 注
标准包边		适用于一般部位	门、盖包边主要的包边类型
空包边		适用于无内板部位	
尖角包边		适用于内板板件厚或内板板件厚度不均时	
水滴状包边		主要适用于半密封形式的包边	行人保护要求，一般在发动机舱盖后部使用

汽车包边对工件的平顺、光滑要求特别高。在实际的生产过程中可能经常发生各种类型的缺陷，这些问题都会直接影响顾客对产品质量评判，因此在生产过程中对缺陷问题的改善是非常重要的一项工作。图6-3列出一些在包边生产中经常出现的问题，这些问题无论是在液压包边还是在机器人滚边中都可能出现。

a) 上翘   b) 外板曲折   c) 外板末段突出   d) 包边面折断

e) 外板发生双重线   f) 内板干涉导致外板曲折   g) 外板曲折   h) 包边后的R角过大

图6-3 常见的包边缺陷

6.2.2 包边的控制要点

1. 对外板的要求

包边在不同部位对工件的要求并不一致，如普通部位、圆弧拐角部位、门或盖角部部位等对冲压件的翻边高度要求都不一样，对冲压件的公差和稳定性要求都比较严，一般都在±0.5mm以内，在部分地方，如角部部位，要求可能会更高，如图6-4所示。

图 6-4　对外板的要求

1——一般部位，翻边高度为 7~9mm　2—圆弧部位，翻边高度为 5~7mm

3—拐角棱线部位，翻边高度为 3.5~5mm　4—角部位置，翻边高度视情况而定

门、盖的角部位置根据工件的设计特征决定是全包边、半包边，还是保持冲压件的原始形态，其主要决定因素为工件本身在角部的圆弧半径 R 的大小，具体要求如图6-5所示。

- 当弯角半径小于5mm时(铝件6mm)，翻边高度建议为3mm。此时弯角处刚性很大，无法滚边，外板维持冲压件打开状态。若强行在该处包边，容易损坏设备，且在作用力下，该角极其容易翘起，导致工件变形

- 当弯角半径介于5~8mm时(铝件6~10mm)，翻边高度建议为4mm。此时弯角处刚性较大，外板可包边至半包状态(约45°~60°)。若强行在该处包边，容易损坏设备，且在作用力下，该角极其容易翘起，导致工件变形

- 当弯角半径大于8mm时(铝件10mm)，可实现全包边状态

图 6-5　门、盖的角部位置根据工件的设计特征

对于一般用于前盖后部的水滴状包边，其形状与普通的包边有所不同，对工件的设计要求也不太一样，图6-6所示为水滴状包边的工件要求。

2. 对内板的要求

在包边过程中，内、外板合装到一起是要做的第一步工作，内、外板的间隙一般要求1.5~2mm(图6-7)，以避免内、外板的干涉。

图 6-6　水滴状包边的工件要求

水滴半径 $R=2~3$mm　翻边高度 $h=13~15$mm

图 6-7　内、外板的间隙一般要求 1.5~2mm

3. 滚边缩进量(Roll – in)

在包边过程中,工件的轮廓线会因为材料向内侧翻转的力,轻微地向内侧收缩一定的量,有些时候该轮廓线也会往外侧挤出一点,如图 6-8 所示。根据工艺性质的不同,该量也不尽相同,如钢板件使用机器人滚边一般为 0.2 ~ 0.3mm。其参考值见表 6-2。在生产过程中,该值的大小量并不是特别重要,重要的是整个包边区域的量要一致,而不能出现较大的偏差(>0.3mm),否则包边后的轮廓线会有波动,在涂装喷漆后会变得更加明显,影响包边的平顺、光滑性。

图 6-8　不同工艺对 Roll-in 值的影响

表 6-2　滚边缩进量的参考值

包边工艺	Roll-in 值
液压包边	0.2 ~ 0.3mm
机器人滚边	0.2 ~ 0.3mm
包边专机	最多可达 0.7 ~ 0.8mm

由于包边的要求一般都会很高,故对单件工件和工装夹具的要求都比较高,在项目前期尤其要对冲压工件进行深入分析,对翻边高度和角度都要进行检讨,对内板与外板的合装通过 CATIA/UG 等软件进行动态模拟分析,保证内、外板之间有足够的间隙,规避后期合装时的干涉风险。对工装夹具都要反复验证其合理性,以避免在后期出现问题。夹具设计定型后,很大程度上就决定了包边后整体状态,因此,在项目前期一定要做充分的研究分析工作。

6.3　滚边工艺介绍

机器人滚压包边是通过安装在机器人臂上滚边头中的滚轮,在滚边胎模的支撑下沿板件包边型面进行滚压包边的新型内、外板连接技术,具有成本低、模具占地小、柔性化程度高等特点。目前,国内外一些先进的汽车制造企业已将此项技术应用于制造外挂件,例如车门、行李舱盖和发动机舱盖以及天窗开口、轮罩等。

机器人滚边的质量直接影响车身装配尺寸的精度、车身覆盖件的表面质量、整车外观的美观性及强度,因此,机器人滚边质量控制尤为重要。在此通过简单介绍机器人滚边系统,从零件状态、机器人滚边硬件设备和软件等方面探讨对滚边零件质量影响因素及影响情况,为机器人滚边技术的应用和滚边零件质量提升提供参考。

影响机器人滚边质量的主要因素有前面提到的产品特征,即冲压件的翻边高度和角度,还有机器人本身的滚边程序(包含滚边压力和滚边速度),以及相关的滚头设备设计和与之相关的工装夹具(胎膜及定位夹具)。

6.3.1　冲压件翻边参数

零件翻边是板料非线性大变形的成形工艺,翻边参数的确定直接影响滚压零件质量和制造成本。一方面，翻边高度太高会导致滚压过程中产生翻边起皱现象，零件质量差，此时，在现场调试翻边操作时需要对翻边进行打磨，浪费人力物力，而对于冲压模具，需要重新修模，以获得合理的翻边高度，工作量大，成本高；另一方面，翻边高度过低会产生包不住等问题，难以满足工件的设计要求，导致零件强度不足或漏水等整车质量隐患。因此，如何在冲压开模之前确定合理的翻边高度对提高整车质量和降低生产成本意义重大。一般情况下，翻边角度要求在90°～100°之间，最大也不要超过120°，否则会出现轮廓线不清晰、翻边后棱线不清晰等质量问题。

6.3.2　机器人滚边程序

机器人滚边质量与滚边程序编制密切相关。在实际应用中，滚边硬件设备到位后，首要的工作就是根据具体冲压件的尺寸及状态进行现场调试，包括滚边轨迹、机器人运动速度、机器人姿态、滚轮切入角度、滚边压力等，要求机器人调试工程师具备丰富的现场调试经验，能应对现场出现的各种问题，以保证滚边零件质量。整个程序编制以及调试优化是否合理、是否完善，对零件滚边成形有着至关重要的影响。

机器人程序在调试过程中往往需要反复调试，而一个经验丰富的机器人调试工程师会大大减少重复的次数。在质量改善提高的过程中，通常需要管控质量的人员与机器人调试人员共同协作，完成调试工作。

6.3.3　滚边压力

机器人滚边过程中，对滚头施加压力进行合理控制是取得良好滚边质量的关键因素之一。滚边压力大会破坏钣金，造成工件滚边开裂缺陷，同时，可能在外板外表面形成包边印，造成工件表面质量缺陷；而滚边压力小则会造成包边过松，滚边起皱等缺陷，甚至出现内、外板错动的现象，不能满足工件设计要求。另外，滚头压力控制不匀也易造成工件涂密封胶烘烤之后出现气泡，影响滚边工件的外观质量。

目前机器人滚边过程中滚边压力的控制可通过以下几种方式实现：机器人直接施压、弹簧施压、气囊或气缸施压、液压及伺服电动机驱动等。如上文提到的一般供应商多采用弹簧控制滚边压力，而KUKA则使用一套伺服电动机来控制滚边压力。无论通过什么方式来控制压力，滚边的压力要考虑到所使用的滚头直径和工件特征，一般部位滚边压力可以达到1.2～1.8kN，但对于某些工件上容易变形的小区域部位，滚边压力可能只有0.6～0.8kN。滚边压力也是一个需要反复调试的工作。

6.3.4　滚边速度

工件滚边的速度与工件的最终质量有密切关系。如果滚边速度过快，会导致工件滚压部位起皱，降低工件滚边质量；如果滚压速度过慢则会增加工件制造时间，从而影响制造成本。因此针对不同工件，合理选择滚压速度是机器人滚边质量控制的途径之一。

一般情况下，机器人的滚边速度设置在200mm/s；在滚边曲率变化大、翻边角度大的区域，机器人的滚边速度要慢一些，通常在50～150mm/s；相对平直、曲率变化小、翻边角度小的区域滚边速度可选择为200～300mm/s；机器人轨迹优化较好的情况下滚边速度可以达到500mm/s。

6.3.5 胎膜及定位夹具

滚边胎模采用整体铸造数控加工而成，其型面与零件外板的型面相吻合，它的定位精度直接影响着工件的整体尺寸精度。胎模定位机构的精度直接影响包边前工件的内、外板间的相互关系，从而影响最终滚边质量，且胎模的表面质量会直接反映在工件外板表面上。同时，胎模的设计也影响滚边压力的稳定性，从而影响滚边质量。图6-9a为普通的滚边预折弯加工方法，滚头不与滚边

图6-9 滚边预折弯加工方法
a）普通的滚边预折弯加工方法
b）采用模具引导面的预先折弯加工方法

模具直接接触，滚头的位置与压力完全由输入机器人的程序决定，需多个指令点。图6-9b为采用模具引导面的预先折弯加工方法，滚边模具上设置导向面，部分滚头与模具直接接触，即使是少量指令点的情况，也能在不影响板材形状（凸凹）前提下提供稳定的滚边压力，从而提高滚边质量。

需要注意的一点是，在长时间的往返滚边过程中，胎膜会慢慢变形，所以对胎膜的硬度和耐磨性提出了较高的要求，一般情况，胎膜的硬度要达到58HRC以上，同时每隔一段时间应进行专业的维护和保养。

6.3.6 滚头特征

目前，国内的几大滚边公司ABB、EDAG、KUKA、Thyseen Krupp等都有自己不同理念的滚头设计，各有其优势。需要注意的是，滚头的耐磨性一般都非常的高，但滚头表面有时会在长时间的滚边过程中粘上铁屑，应及时的进行清理，否则会造成质量缺陷，导致滚边区域凹凸不平。

6.4 专机包边工艺介绍

汽车上的门、盖包边在随着包边工艺的发展过程中，由最初的冲压模包边方式到机器人滚边，虽然柔性化、成本控制等都有一定程度的改善，但机器人滚边的包边方式相对传统的包边方式还是有两个比较明显的劣势：稳定性没有冲压模包边的高，超过60件/h的产量时，滚边实现的困难程度较高，因此，汽车专机包边的方式应运而生。

6.4.1 包边专机系统

包边专机系统是由液压站或者其他动力设施提供动力，驱动气缸动作，带动包边模块向定位好的门、盖外板翻边用力，实现包边，其主要的机构如图6-10所示。

（1）液压站 液压站是液压系统的重要组成部分（动力源），它向液压系统提供一定压力、一定流量的工作介质。

（2）定位压紧装置 包边专机采用框架式气动压紧定位机构（图6-11），以保证内板具

有较高的定位精度(±0.2mm)，同时保证工件经压紧后无畸变及划痕，还可防止外板受力后在底模上移动。

图 6-10　包边专机的主要机构

图 6-11　包边专机压紧定位机构

（3）底模　底模选择铬钼合金材质，并进行适当的热处理以保证有足够的强度、硬度及耐磨性，其表面硬度应达到 50HRC 以上，部分公司甚至要求达到 58HRC 以上，根据工件外板数模进行设计，对精度要求较高，如图 6-12 所示。

（4）角部包边总成　部分产品的角部要求全部包边，或者半包边状态，这种情况下是不能通过直接包边的结构完成的，而需要一套专门在角部工作的机构来完成此类工作。

（5）包边总成模块　除门、盖的拐角包边采用角部包边总成完成外，门、盖的其他部位包边均可由包边总成模块完成，为确保包边压实，模块的线压力要保持在 1000～1500N/cm 范围。包边总成模块由两个模块构成，一个为预包边模块，一个为包边模块，两个机构分别完成 45°包边和 90°包边的工作，如图 6-13 所示。

图 6-12　底模

图 6-13　包边总成模块

（6）底板组件　包边机底板组件要求采用 Q235 板材，底板板厚不小于 25mm，具体数据根据不同公司的要求会有所不同。下部的油管、气管以及各个部位的接头均应保证在工作时没有油、气等泄漏问题。

6.4.2　专机包边的优势

专机包边的优势在概述中已有详细的叙述，本文就不再赘述，其特点可以概括如下：效率高、能满足高节拍的生产、投资较低，但对冲压工件的要求比较高。

本章小结

1. 包边即将通过包边设备将外板折合后包住内板，使之连成一体，以提高包边件的强度。

2. 在汽车制造中，通常使用包边工艺的是四门、发动机盖、行李箱盖、左右翼子板、开天窗的顶棚和左右侧围轮罩等。

3. 常见包边/滚边设备有：液压机＋包边模、机器人和包边专机等。

4. 包边控制要点主要从外板、内板以及滚边缩进量等三个方面考虑。

5. 机器人滚边影响质量的因素有冲压件的翻边高度和角度，还有机器人本身的滚边程序（包含滚边压力和滚边速度），以及相关的滚头设备设计和与之相关的工装夹具（胎膜、定位方式）等。

复习思考与练习

1. 想一想

1）手工包边与其他包边方法相比有哪些优缺点。

2）汽车车门、发动机舱盖等地方为什么要进行包边？

3）滚边与包边有区别吗？

2. 做一做

1）请指出包边的定义，并说明在汽车车身制造中哪些地方需要用到包边工艺。

2）常见的包边设备有哪些？其中机器人滚边设备由哪几部分组成？

3）专机包边有什么特点？

4）常见的包边缺陷有哪些？

5）包边时的控制要点有哪些？

6）专机包边系统通常由哪些部分所组成？

第7章

汽车车身其他连接方式

学习目标 ▶

1. 了解结构胶/膨胀胶/折边胶的用途及特点。
2. 了解凸焊在汽车车身中的运用，知道凸焊的工作原理。
3. 了解螺柱焊的工作原理以及在汽车车身中的运用。
4. 掌握螺栓连接的特点及质量控制。
5. 了解铆接的分类及应用。
6. 掌握切割的种类及常见切割方式。

7.1 结构胶/膨胀胶/折边胶技术

7.1.1 定义及特点

结构胶是指强度高，能承受较大的载荷，且耐老化、耐疲劳、耐腐蚀，在预期寿命内性能稳定，适用于承载力强的结构件粘接的粘结剂，可替代部分焊接、铆接、螺栓联接等传统的连接方式。

膨胀胶又称发泡胶、隔振胶，用来减弱钢板与加强梁在行车过程中的振动和噪声，提升整车的舒适性，减少或完全取消了结合焊点，提高了车身外表的美观性。涂胶的直径由板层的间隙来设定，在板层间隙为 $2 \sim 3$ mm 时，采用直径为 $\phi 5 \sim \phi 8$ mm，膨胀率为 $30\% \sim 50\%$ 的膨胀胶。

折边胶是用于车身包边处粘结剂的统称。包边采用粘接工艺已远远大于焊接强度，而且不会产生应力集中，大大提升了车身撞击时安全性能和车身寿命。

结构胶和膨胀胶在焊装加工的过程中并不能起到强度连接的作用，因此，在焊装的加工过程中，板层直接的连接不能只靠结构胶或膨胀胶，需要借助其他的连接方式，如定位焊、焊条电弧焊、激光焊等。但是，由于胶在高温的情况下会失去原有的性能，因此胶与焊条电弧焊和激光焊是不能兼容的，但是与定位焊是兼容的，如图7-1所示。

汽车的车门、发动机舱盖和行李舱盖等部件通常是将内、外盖板折边后定位焊连接的。定位焊产生的熔核在车身表面形成凹坑，对车身的外观质量产生了严重影响。为了解决这个问题，开始采用粘接取代定位焊的方法来生产汽车车门、发动机舱盖和行李舱盖的折边结构，所用的粘结剂被称为折边胶，如图7-2所示。

图 7-1 胶与定位焊是兼容的

图 7-2 汽车车门所用的
粘结剂被称为折边胶

折边胶按是否需要采用预固化工艺可分为采用两步固化的普通折边胶、不需要预固化的带玻璃微珠的折边胶(图7-3)和自固化折边胶。普通折边胶在焊装车间需要预固化,将内、外板的相对位置固定,为了保证内、外板之间的装配精度,在预固化之前,采用定位焊接(定位焊、CO_2焊)。由于外板属于外观件,部分厂家采用单边定位焊接,如图7-4所示。不需要固化的带玻璃微珠的折边胶中的玻璃珠在压力的作用下具有铆钉的作用,从而提高了内、外板的连接强度。自固化折边胶指的是双组分的折边胶,其中的一种成分起到了催化剂的作用,能使折边胶在常温下 5 ~ 15min 内固化,从而起到连接内、外板的作用。

图 7-3 带玻璃微珠的折边胶

图 7-4 单边定位焊接

在焊装车间无独立的粘结剂固化设备,因而胶的固化要随同电泳底漆的烘干而固化,这就要求未固化的胶经得起碱洗、磷化、水洗、阴极电泳漆及电泳后的冲洗等介质的作用。另外,还要求胶具有良好的油面粘接性能,这样就可以使被粘接的钢板不必严格除油,适应大批量流水线生产。

7.1.2 用途

结构胶不仅能起到强度连接的作用,对于那些装配后被遮蔽而难以涂布焊缝密封胶的部位,结构胶也起到了密封的作用。

(1) 结构胶主要用于以下几种情况

1) 用于无法采用定位焊连接的位置,如图7-5所示。在设计的时候,为了防止板层与板层之间在运动的过程中产生噪声,在板层与板层有接触的地方,都需要设置连接方式以达到固定板层的目的,同时也是为了起到强度连接的作用。但

图 7-5 结构胶用于无法采用
定位焊连接的位置

是在部分位置，由于结构的特殊性，不能采用定位焊，因此设计时会采用具有强度连接效果的结构胶或者是焊条电弧焊来代替。焊条电弧焊的工艺比结构胶的工艺复杂，在特殊的不能采用结构胶替代的位置才会采用焊条电弧焊，而大部分无法采用定位焊连接的位置，都采用结构胶。

2）用于高连接强度的位置。汽车在行驶的过程中，车身会受到两种工况的影响，分别是弯曲和扭转。因此提高车身抗弯曲和抗扭转的能力对于提高车身的整体强度起到了至关重要的作用。

车身在弯曲工况下应力的分布如图7-6所示，应力主要分布在前纵梁、上边梁、A柱、门槛、B柱、门槛梁、底板中间横梁上。

图 7-6　车身在弯曲工况下应力的分布

车身在扭转工况下应力的分布如图7-7所示，应力主要分布在上边梁局部、三角窗、前指梁、A立柱以及后轮罩与底板的轮罩的搭接处。

图 7-7　车身在扭转工况下应力的分布

为了提高车身在弯曲工况和扭转工况下应力分布集中部分的强度，在定位焊的基础上，增加结构胶，从而提高连接强度，如图7-8所示。

3）用于在焊装之后被零件遮蔽或不易涂布焊缝密封胶的竖立缝隙。此时结构胶不仅起到了强度连接的作用，还起到了密封的作用，所以这类结构胶又称定位焊密封胶，如图7-9所示。

（2）膨胀胶　膨胀胶主要用于白车身外观件与横梁的搭接。车门外板与横梁的搭接（图7-10）、前后盖外板与肋板的搭接、顶棚与横梁的搭接，在焊接前，将膨胀胶涂在内、外板搭接处，经过涂装油漆烘干设备加热固化后，膨胀胶具有了较高的粘接强度，将横梁与外板

图 7-8　对于应力分布集中的部分，
在定位焊的基础上，增加结构胶

图 7-9　结构胶用于在焊装之后被零件遮蔽
或不易涂布焊缝密封胶的竖立缝隙

图 7-10　膨胀胶使用的部位

紧密的连接在一起，从而起到了减少振动和噪声的作用。

（3）折边胶　折边胶用于车门、发动机舱盖、行李舱盖、翼子板内外板、带天窗顶棚外板与内板滚边搭接处，以粘接代焊接，避免了焊接工艺造成的车身凹坑（熔核痕迹），固化后的折边胶与内外板形成了一个整体，有效地解决了汽车运动过程中内板与外板之间因摩擦而产生噪声的问题。

7.1.3　实现形式

胶是如何涂在板层之间的？根据操作方式分为两种涂胶形式：一是人工涂胶，二是自动涂胶。

人工涂胶是指操作者手持涂胶设备，将胶涂至工件表面。人工涂胶设备有两种，一种是便携式的胶枪，如图 7-11 所示，此类胶是采用支状形式进行储存的。此类涂胶方式前期设备投资成本低，但是由于储存量少，单位成本比桶装胶高，因此这类涂胶设备用于涂胶量少的地方。另外一种是采用高压无气涂胶，利用压缩空气或电力作为动力，驱动高压泵，将密封胶由料桶吸入泵的工作腔内，并增至高压（5～30MPa），然后通过高压软管、胶枪，由人工操作将胶液涂在工件表面，如图 7-12 所示。此类涂胶方式可用于黏度高的胶液，胶泵、胶枪的输胶压力可调，出胶量易于控制，对于不同的焊缝部位，可采用不同形式的枪嘴，操作灵活简便，连续作业性好。这类涂胶方式前期设备投入成本相对于便携式胶枪的高，但是后期的成本低。

采用人工涂胶，人是作为操作者，涂胶质量的好坏由人来控制，因此需要操作者具有很

图 7-11 便携式的胶枪

图 7-12 高压无气涂胶

强的责任感，做事认真负责，并需要有一套系统的质量管理体系。

自动涂胶是指通过机器人将胶涂至工件表面。自动涂胶有两种方式，一种是机器人抓着工件通过机器人的移动在固定式胶枪枪嘴下涂胶，另外一种是工件固定，机器人带着胶枪枪嘴，通过机器人的移动将胶涂至工件上。自动涂胶也是采用高压无气涂胶的方式，但是由于涂胶量是自动控制，需要增加控制胶量的定量设备。根据胶是否需要加热分为加热性的和非加热性的自动涂胶机，如图 7-13 所示。自动涂胶前期投入成本最高。采用自动涂胶如何控制其涂胶的质量？一般采用两种方式，一种是定期的检查，并在涂装车间通过人工涂胶方式进行修补。根据不同公司的要求，其检查频率不一样。另一种是通过视觉系统进行监控，其原理是在系统中设置一个理论值，每次涂胶都会将实际值与理论值进行比对，超过一定的量（由车间根据实际情况进行设定），系统会自动报警。后者的成本高，适用于涂胶要求高的位置。

图 7-13 自动涂胶

7.1.4 现状

胶作为汽车生产中重要的工艺材料之一，渗透在汽车制造的各个环节，具有独特的功能，推动着汽车的发展。

结构胶/膨胀胶/折边胶在汽车的结构增强、密封防锈、减振降噪以及简化制造工艺、减轻车身重量等方面起着重要的作用。

随着汽车向环保节能、安全舒适、轻量化、低成本、长寿命和无公害方向发展的需求，新型的高品质的汽车用胶也会越来越重要。

焊装车间主要用胶有结构胶、膨胀胶、折边胶、补强胶贴和高膨胀阻尼填充胶等。

结构胶、膨胀胶以及折边胶在之前都有详细的描述，这里主要讨论补强胶贴以及高膨胀阻尼填充胶在车身上的应用。

补强胶贴的目的是使车身轻量化，在使用薄板材的前提下，车身的刚度同样也可以保证。补强胶贴经过涂装烘烤后，会硬化从而达到增强钣金件刚度的效果，图7-14为补强胶贴的补强效果图。补强胶贴主要用在侧围后部与其他工件无法搭接的地方，以及车门、翼子板的外板上，从而可以提高粘贴处工件的刚度。

图 7-14　补强胶贴的补强效果图

高膨胀阻尼填充胶主要用于车身结构的空腔中，目的是隔离外界及内部噪声。噪声从车身前端进行侧围内部，因侧围结构为空腔结构，外界噪声及空气通过侧围内部流通，噪声从车外界传到车的内部，再通过侧围空腔流动，贯通整车侧围内部，使整车 NVH 性能指标下降，无法保证乘员在车内的舒适性。高膨胀阻尼填充胶分为片式膨胀胶（图7-15）和骨式膨胀胶（图7-16）。片式膨胀胶因结构单一，无需复杂成形结构，价格较低，在车身小空间及空间简单结构处应用广泛；骨式膨胀胶结构多变，膨胀容易控制，骨架具有限制其膨胀方向的作用，强度较高，对空腔封堵效果较好，但是成本高。

图 7-15　片式膨胀胶

图 7-16　骨式膨胀胶

当然，胶也不是在汽车上使用得越多越好，优化胶在车身的布置，在保证强度的情况下，减轻单台车用胶量也是车身用胶的一个重要发展方向。

7.1.5　车身用胶的质量控制

车身用胶的质量控制包括3个方面：原材料的质量控制、工艺过程的控制和成品件的检查。

（1）原材料的质量控制　每批胶到车间，都必须对其进行检查，首先确认是否在有效期范围内，每批原材料用于批生产的产品之前应按材料性能的标准严格进行复验，材料复验之后如果试验报告数据合乎标准，才可用于生产。

（2）工艺过程的控制　在保证原材料合格的情况下，工艺过程的控制直接影响产品的质量。工艺过程的质量可从两个方面进行控制，一是控制各道工序的操作和各个工艺参数，二是工序间的检查。这是两种不同性质的控制，前者是直接控制影响产品性能的因素，后者只是验证操作和工艺参数是否正确，并防止不合格品进入下道工序。

（3）成品件的检查　除了对成品件的外观进行检查，目前，国内外胶接质量检查的方法有很多种，如敲击法、声阻法、谐振法、X 射线透视法等。还有厂家定期对白车身进行全拆解，检查用胶质量是否符合要求。

7.2　凸焊

7.2.1　凸焊的定义和基本原理

凸焊是在焊接件的接合面上预先加工出一个或多个凸点，使其与另一焊接件表面相接触，加压并通电加热，凸点熔化后使这些接触点形成熔核的电阻焊方法。

凸焊是定位焊的一种变形，主要用于焊接低碳钢和低碳合金钢的冲压件，最适宜凸焊的板件厚度为 0.5～4mm，小于 0.25mm 时常采用定位焊。随着汽车工业的发展，高生产率的凸焊在汽车零部件制造中占有重要地位，并获得大量应用。

根据凸焊接头的结构形式，凸焊可分为单点凸焊、多点凸焊、环焊、T 形焊、滚凸焊、线材交叉焊，如图 7-17 所示。凸焊在汽车白车身中应用最为广泛的是多点凸焊和环焊，以下主要以多点凸焊为例来介绍。

在多点凸焊中凸点设计成球面形、圆锥形和方形，并预先压制在薄件或厚件上，图 7-18为凸焊螺栓。

凸焊的工作原理：凸焊时将板件放置在下电极上，用定位销穿过板件上开设的凸焊孔，然后将定位销插入凸焊螺母的螺纹孔，上电极下降，完成凸焊过程。

如图 7-19 所示，凸焊一般由 4 个过程组成：①准备过程，在该阶段完成上件、电极压紧等准备工作；②加压过程，在该阶段预设在螺母上的凸点在电极压力的作用下产生变形，高度下降且板件表面的氧化膜被破坏，螺母与被焊板件达到良好的结合；③通电过程，该阶段包括凸点熔化过程和熔核形成过程；④保持过程，该阶段电流集中通过凸点位置，凸点被彻底焊平。

7.2.2　凸焊的工艺特点及设备组成

凸焊是定位焊的一种变形，通常是在两板件之一上冲出凸点，然后进行焊接。由于电流集中，克服了定位焊时熔核偏移的缺点，因而凸焊时工件的厚度比（两被焊接工件厚度之比）可以超过 6:1。

凸焊时，电极必须随着凸点被压平而迅速下降，否则会因失压而产生飞溅，所以应采用

图 7-17 凸焊的类型

图 7-18 凸焊螺栓

图 7-19 凸焊一般由 4 个过程组成

电极随动性好的凸焊机。多点凸焊时，如果焊接参数不适当，会引起凸点移位现象，并导致接头强度降低。实验证明，移位是由电流通过时的电磁力引起的。

在实际焊接时，由于各个凸点的高度不一致和上下电极的平行度误差，一点固定一点移动要比两点同时移动的情况多。为了防止凸点移位，在保证正常熔核的条件下，可选用较大的电极压力，较小的焊接电流；此外，尽可能地提高加压系统的随动性。提高加压系统随动性的方法主要是减小加压系统中可动部分的质量，并在导向部分采用滚动摩擦。多点凸焊时，为克服各凸点间的压力不均衡，可以采用附加预热脉冲或采用可转动的电极头等办法。

1. 凸焊的主要焊接参数

凸焊的主要焊接参数有电极压力、焊接时间和焊接电流。

（1）电极压力 凸焊的电极压力取决于被焊金属的性能、凸点的尺寸和一次焊成的凸点数量等。电极压力应足以在凸点达到焊接温度时将其完全压平，并使两工件紧密贴合。电极压力过大会过早地压平凸点，失去凸焊的作用，同时因电流密度减小而降低了接头强度；压力过小又会引起严重飞溅。

（2）焊接时间 对于给定的工件材料和厚度，焊接时间由焊接电流和凸点刚度决定。在焊接低碳钢和低碳合金钢时，与电极压力和焊接电流相比，焊接时间是次要的。在确定合适的电极压力和焊接电流后，再调节焊接时间，以获得满意的熔核。若想缩短焊接时间，就要相应增大焊接电流，但过度增大焊接电流可能引起金属过热和飞溅，通常凸焊的焊接时间比定位焊的长，而电流比定位焊的小。

（3）焊接电流　凸焊的每一熔核所需电流比定位焊同样一个熔核所需电流小。但在凸点完全压平之前电流必须能使凸点溶化，合适的电流是在采用一定的电极压力下不至于挤出过多金属的最大电流。对于一定的凸点尺寸，挤出的金属量随电流的增加而增加，采用递增的调幅电流可以减小挤出的金属量。和定位焊一样，被焊金属的性能和厚度是选择焊接电流的主要依据。

多点凸焊时，总的焊接电流约为每个凸点所需电流乘以凸点数，但考虑到凸点的公差、工件形状以及焊机二次回路的阻抗等因素，总的焊接电流的大小需要做一些调整。

凸焊时还应做到被焊接的两板间的热平衡，否则，在板件未达到焊接温度以前便已熔化。因此焊接同种金属时，应将凸点冲在较厚的工件上，焊接异种金属时，应将凸点冲在电导率较高的工件上。但当在厚板上冲出凸点有困难时，也可在薄板上冲凸点。

电极材料也影响两工件上的热平衡，在焊接厚度小于 0.5mm 的薄板时，为了减少薄板一侧的散热，常用钨－铜烧结材料或钨做电极的嵌块。

2. 凸焊的设备

凸焊的设备由凸焊机和相应的附属设备所组成，如图7-20所示。

图7-20　凸焊的设备
1—上电极臂　2—下电极臂　3—上电极夹持器　4—下电极夹持器
5—上电极　6—下电极　7—定位销　8—凸焊标准件　9—钣金件

7.2.3　凸焊在车身上的应用

凸焊技术作为汽车制造中四大焊接工艺，即定位焊、凸焊、弧焊及螺柱焊中的一种，完成车身大量的装配工作量，因而凸焊质量对汽车的整车质量有着重要影响。

凸焊在白车身上应用最为广泛的是螺柱凸焊和螺母凸焊，车身上大部分的螺母是采用凸焊的形式焊接在车身上。

螺柱凸焊分两种形式，一种是端面凸焊，如图7-21所示；一种是承面凸焊，如图7-22所示。承面凸焊一般用于螺柱扭力要求高的位置，端面凸焊一般用于密封性要求高的位置。

图 7-21　端面凸焊　　　　　　　　　　　　图 7-22　承面凸焊

螺母凸焊一般采用多点凸焊或者是环形凸焊的形式，如图7-23所示，环形凸焊一般用于密封性要求高的位置，如底板底部的螺母，如图7-24所示。

图 7-23　螺母凸焊　　　　　　　　　　图 7-24　底板底部的螺母

7.2.4　凸焊的质量检测

螺母凸焊和螺柱凸焊的质量检测主要有以下几种方式：

1）扭力检测。采用扭力扳手对凸焊工件进行扭力检查，施加的扭力不能低于理论最低扭力值。

2）金相检测以及目视检测。凸点与板材焊接均匀、无单边、焊缝无气孔裂口、板材无焊穿、焊瘤高度不超过两牙高度。

3）敲击法。对于焊接螺母，用螺栓旋入焊接螺母，敲击螺栓至螺母脱落，观察焊接处的断裂情况来判断焊接强度；对于焊接螺栓，直接敲击螺栓至脱落来判断焊接强度。挤压试验：使用WE300液压式万能试验机对螺母或螺栓进行挤压，通过挤压力大小判断焊接强度。调试时可以以试片替代工件做测试，调试后正式生产前必须以实际工件测试结果为准。由于此检测为破坏性检测，这种检测方法不常用。

对于所有的凸焊工件需要目视对其进行检查，每天需要抽检部分工件对其进行扭力测试。敲击法一般不常用在车间的日常生产中。

7.3　螺柱焊

7.3.1　螺柱焊的定义及基本原理

螺柱焊(stud welding)是将螺柱一端与板件(或管件)表面接触后,提升螺柱,通电引弧,在焊接螺柱和焊接板件之间激发电弧,电弧将焊接螺柱端部和焊接板件表面溶化,并形成焊接熔池,然后焊接螺柱在一定速度下相对于板件做垂直相对运动,受控地插入熔池,焊接电流消失,电弧熄灭,同时熔池凝固,焊接过程完成,形成全断面熔合的焊缝。螺柱焊的整个过程如图 7-25 所示。

实现螺柱焊接的方法有多种,如:拉弧式螺柱焊、储能式螺柱焊、电阻焊、凸焊等。储能式螺柱焊是以电容器储存的能量瞬间放电实现焊接的。储能式螺柱焊的焊接时间、焊接电流不可调,熔深很浅,因此在汽车行业的应用很少。

拉弧式螺柱焊与储能式螺柱焊的电容器放电不同,它是通过晶闸管控制的直流电源或逆变式焊接电源来进行焊接的。拉弧式螺柱焊中螺柱和工件的金属熔化量比储能式螺柱焊的多,熔深较深,影响焊接质量的参数较为复杂,螺柱所能承受的强度也更大,所以此类螺柱焊在汽车行业常用。

7.3.2　拉弧式螺柱焊设备及工艺

拉弧式螺柱焊设备主要由焊接电源、控制系统、焊枪以及接地钳等组成,根据要求还可以配备自动送料的送料机。通常焊接电源与控制系统结合在一起,称为焊接主机,如图 7-26 所示。

拉弧式螺柱焊操作简单、快捷,对螺柱和工件表面无太高要求,熔深较深,接头强度高,适用于 0.6mm 以上板厚的焊接;焊接 M6 以上的螺柱时需气体或陶瓷环保护;可焊接多种规格形状的螺柱。

1. 拉弧式螺柱焊的焊接参数

拉弧式螺柱焊的焊接参数主要有焊接电流、焊接时间、预引弧电流或时间、提升高度、螺柱伸出长度和保护方式。

(1)焊接电流　焊接电流主要根据螺柱的直径选定,各种不同机型能调节的范围也不同,一般在 300~3000A 内连续可调。就非合金钢而言,电流直径(I)和螺柱直径(d)的关系为

$$I = (75 \sim 85)d;\ d = 3 \sim 16mm$$
$$I = (85 \sim 95)d;\ d = 16 \sim 30mm$$

(2)焊接时间　焊接时间 T_w(单位:ms)又称焊接电流持续时间,主要影响焊接热的输入量,其大小可参考以下公式进行估算。

□ 1. 接触

□ 2. 垂直　90°

□ 3. 提升引弧　小电流

□ 4. 拉弧熔化　大电流

□ 5. 下落熔合

□ 6. 冷凝拔枪

图 7-25　螺柱焊的定义
及基本原理

焊接主机　　　　　　送料机　　　　　　　螺柱焊枪

图 7-26　拉弧式螺柱焊设备

$$T_w = (2 \sim 4)d; \quad d \leqslant 12mm$$
$$T_w = (4 \sim 5)d; \quad d > 12mm$$

（3）预引弧电流（时间）　预引弧电流（时间）很大程度上决定了母材的熔深，短周期焊接电源的预引弧时间约为 $40 \sim 100ms$，长周期的预引弧时间调节范围更宽。

（4）提升高度　提升高度是维持稳定的焊接电弧和获得良好焊缝外观的一个重要的焊接参数。它与螺柱直径成正比，其数值约 $1.5 \sim 8mm$。现在的研究暂无线性关系式，只能根据具体情况进行调试。

（5）螺柱伸出长度　螺柱伸出长度实际是螺柱的熔化长度，也与螺柱直径成正比，经验值约为 $1.5 \sim 6mm$。

（6）保护方式　螺柱焊接的保护方式主要有无外加保护、气体保护和陶瓷环保护 3 种。

2. 螺柱焊的优点

（1）节省时间和成本　所有螺柱焊的布局不用钻孔、冲孔、车螺纹、铆接、拧螺钉和精修等步骤，有良好的经济性。

（2）潜在的优势明显

1）由于是短时间焊接且焊后很少变形，故不需要修整。

2）因为焊接时不需要钻孔，故不会造成泄漏。

3）螺柱焊的接头可以达到很高的强度，甚至可以大于螺柱本身的强度。

7.3.3　螺柱焊在车身上的应用

螺柱焊具有快速、可靠、操作简单及无孔连接等优点，正逐步替代汽车制造中的铆接、螺栓联接等连接工艺。目前螺柱在轿车车厢内的作用是固定线束、内饰件和地毯等，如图 7-27 所示；在车厢外的作用是固定线束、燃油管、制动油管以及隔热板、导流板等底盘附件。现在螺柱在轿车制造中的使用量日益增长。轿车制造中常用的螺柱类型如图 7-28 所示。

7.3.4　螺柱焊的质量检测

螺柱焊的质量评价包括两方面：焊接强度和位置精度。焊接强度要求满足设计的连接强度及焊接评价标准；螺柱的位置精度要符合产品图样的位置精度要求。螺柱的焊接强度检查可采用下列方法：

图 7-27　螺柱在轿车车厢内的作用是
固定线束、内饰件和地毯等

图 7-28　常用螺柱的类型

1. 外观检查

（1）目视检查焊接接头　焊接接头处应无气孔、未熔合、裂纹、夹渣等缺陷。

（2）锤击检查　在生产过程中可用锤子敲击焊接螺柱进行非破坏性检查。经锤击检查过的螺柱要用 MIG 或 CO_2 焊进行补焊加强。

2. 扭矩检查

对于有安装力矩要求的焊接螺柱要用指针式扭力扳手进行力矩检查，要求螺柱被加载至 1.5 倍拧紧力矩时螺柱不在接头处开焊。带螺母螺柱经检查后螺母应松开，再用扭力扳手拧紧到螺母的松开力矩（螺母的松开力矩值在带螺母螺柱的图样上有标注），防止车身涂装时油漆渗入螺柱螺纹与螺母的间隙。

3. 拉伸检查

用专用检查装置拉伸螺柱，当螺柱受力达到要求的检查拉力或达到要求的拉伸位移时，焊接接头不被破坏，则焊接强度合格。

4. 全拆解检查

对螺柱进行全拆解，观察其熔核直径和形状。

7.4　螺栓联接

螺栓联接是指用螺栓和螺母将两个带孔的零件紧固的连接方式。结构简单、连接可靠、装拆方便，被广泛地用于车辆、桥梁、建筑等领域。

7.4.1　螺栓联接在白车身上的应用

螺栓联接一般用在车门和前后盖与铰链的连接、铰链或翼子板与车身的连接以及铰链活页的连接。很多人认为车门是通过铰链固定在车身上的，车门的重力主要是由螺栓的剪切力来承受的，其实这是一个误区。了解四门两盖安装的人知道，安装门的时候，需要给铰链一个预紧力，预紧力会给铰链和与车门或是车身接触的地方一个摩擦力，门的重力主要由这个摩擦力来承受。图 7-29 是典型的螺栓的受力分析，

图 7-29　螺栓的受力分析

其相关公式如下。

$$G = F_{摩擦力} + F_{剪切力} = F_{预紧力} \times \mu + F_{剪切力}$$

式中　G——车门的重力（N）；

　$F_{摩擦力}$——车门与车身的摩擦力（N）；

　$F_{剪切力}$——螺栓受到的剪切力（N）；

　　μ——摩擦系数；

　$F_{预紧力}$——螺栓的预紧力（N）；

当 $F_{预紧力} = G/\mu$，$F_{剪切力} = 0$，此时螺栓不受剪切力，预紧力为最佳值。

四门两盖通过铰链固定在车身上，不仅可以通过螺栓联接的方式，也可以采用焊接的连接方式，将铰链通过焊接的方式焊接在车身上。两种不同的连接方式各有利弊。

1. 螺栓联接的优缺点

1）螺栓联接调整方便。

2）焊接联接为了保证焊接的强度，一般会采用 CO_2 焊，导致工件的热变形。

3）螺栓联接拆装方便，维修也方便。

4）螺栓联接结构简单，可以弥补部分车身和车门的制造误差。

5）焊接联接精度要求高，工件、模具夹具要求高，前期设备投入大，要求的制造水平高。

2. 焊接连接的优点

1）批量生产，焊接的成本低。

2）螺栓联接是将侧围和铰链紧密贴合，因此侧围的误差会传递到车门上，而对于焊接连接，由于侧围和铰链不是直接贴合，因此侧围的误差不会传递到车门上。

7.4.2 螺栓联接装配的质量控制

螺栓联接装配的质量控制包括两个方面：①执行螺栓拧紧作业的电动拧紧枪的准确性和可靠性必须满足要求；②对已经拧紧的螺栓联接，应通过正确的方法进行评定。

对螺栓拧紧方式的评定可采用模拟工况的动态校准法，将拧紧枪的输出值与用作测量标准的传感器的读数值加以比对。在汽车行业，通过传感器实施力矩或转角控制的拧紧枪的准确度指标往往采取相对误差形式表示，一般为 ±5%，也有达到 ±3% 的。只进行简单的准确度分析是不够的，它需要其在稳定状态下所具有的保证质量的能力，这取决于设备、材料、操作者、工艺方法和环境等 5 项相互独立因素的影响，以能力指数 C_p 和 C_{pk} 来表示。过程能力指数 C_p 是指工序在一定时间里，处于控制状态（稳定状态）下的实际加工能力。C_p 反映的是能够达到的过程能力的最高水平。修正工序能力指数 C_{pk} 是综合过程能力指数。C_p 永远大于或等于 C_{pk}，C_{pk} 不可以小于零。表 7-1 为德国大众汽车公司对螺栓拧紧设备应该具备的机器能力的要求。

表 7-1 德国大众汽车公司对螺栓拧紧设备应该具备的机器能力的要求

被检设备的情况	机器能力指数	
	C_p	C_{pk}
新设备验收	≥1.67	≥1.67
经过检修、改造后的设备	≥1.33	≥1.33
在用设备定期或不定期的评定	≥1.33	≥1.33

评价螺栓联接质量的方法：在汽车制造业，大多数企业都在装配工序后利用指针式扭力扳手以抽检的方式对相关的螺纹副进行拧紧扭力测试，以评价螺栓联接的质量，其间出现各种各样的情况是很正常的现象，但前提是执行的方法必须正确，这是处理问题、解决问题的基础。

除了上述在工序间进行的扭力测试外，还有一类是整车或总成（指发动机、变速器等）经过连续运行、承受过负载后再对相关的螺栓联接质量进行评价。德国大众汽车公司把前一类测得的扭力命名为 Mna1，后一类为 Mna2。但为了准确测得 Mna1 和 Mna2，必须满足以下条件：

1）电动拧紧机的机器能力指数 C_p、C_{pk} 必须达到 1.67 或更高，即必须经过设备能力验证，要求过程能力指数 $C_{pk} \geqslant 1.33$。

2）通过"事后法"进行拧紧扭矩测试时，必须采用紧固法，不能用松开法或标记法。执行紧固法时需注意拧动螺栓（或螺母）的角度应尽量小，最大不超过10°。

7.5　铆接

7.5.1　铆接的定义及特点

铆接是将铆钉穿过被连接件的预制孔经铆合而成的连接方式，如图 7-30 所示，其连接部分称为铆缝。

图 7-30　铆接

1. 铆接的主要类型

铆接的主要类型：铆接分冷铆和热铆。

1）钉杆直径 $d \geqslant 12\text{mm}$ 的钢制铆钉，通常是将铆钉加热后进行铆接，即热铆。

2）钉杆直径 $d < 10\text{mm}$ 的钢制铆钉和塑性较好的有色金属、轻金属及其合金制成的铆钉一般在常温下进行冷铆。

2. 铆接的优点

铆接具有工艺设备简单，工艺过程比较容易控制，质量稳定，铆接结构抗振、耐冲击，连接牢固可靠等优点。

3. 铆接的缺点

铆接的缺点是密封性差，即使铆钉涂以密封胶，其接头对水和气体也不密封；热铆时易产生氧化皮；如果在维修时必须拆卸，就要拆除铆钉并重新铆接。

与焊接相比，其缺点是结构笨重，铆钉孔削弱了被连接件截面强度，其强度可降低15% ~ 20%，劳动强度大，噪声大，生产率低。因此，铆接的经济性和紧密性都不如焊接的。

与螺栓、螺钉联接相比，铆钉连接的疲劳强度要小，大的拉伸负载能将铆钉头拉脱，剧烈的振动会使接头松弛。

7.5.2　铆接技术在汽车行业中的应用

1. 铆接连接在白车身上的应用

实现汽车的轻量化其中一个重要的途径是采用镁铝等轻金属材料，而这类材料的焊接性能差，所以需要寻找一种新的工艺来实现这种连接的功能，这就是铆接。

传统的铆接是对工件进行预冲孔，再将工件铆接在一起，这种铆接方法工艺复杂，外观质量差，效率低，不宜实现自动化。现代工艺的铆接克服了传统工艺的弊端，根据其铆接时是否用铆钉分为了锁铆和压铆。

（1）锁铆（自冲铆接）（self—Piereing riveting）　锁铆铆钉在外力的作用下，通过穿透上层材料（和中间层材料），并在底层材料中进行变形和延展，形成一个相互镶嵌的永久塑性变形的连接过程，称作锁铆连接，如图 7-31a、图 7-31b 所示。该接点称作锁铆连接点，具有较高的抗拉强度和抗剪强度。

a)

不锈钢板+非金属夹层+不锈钢板+中碳钢板的连接

b)

图 7-31　锁铆连接

锁铆相对于定位焊和传统铆接的优势如下：锁铆连接材料组合广泛，可用于不同材质、硬度、厚度材料，各种有镀层的材料连接，及有夹层包括涂胶等非金属材料的组合；锁铆连接综合成本低廉；无需连接前后的处理工序；连接工序简单，工作效率高；设备投入合理，操作成本、能耗极低，对操作员素质要求不高，人工成本低，无需额外的环保和劳保投资（无烟尘排放）；锁铆连接质量可靠，连接区域没有应力集中，抗疲劳强度高；连接质量依靠设备保证，不受人员影响。

（2）压铆　用专用的压铆连接模具，在外力的作用下，迫使被连接金属材料在连接点处产生变形，从而形成一个互相镶嵌的铆接连接点的过程，称为压铆连接，又称无铆钉连接。该连接点具有一定的抗拉强度和抗剪强度，图 7-32、图 7-33 所示为压铆的工艺过程。

国外汽车生产企业已经应用了锁铆工艺，例如美洲虎汽车公司已经在 X350 系列、XJ 型豪华轿车的铝制车身上就应用了锁铆技术，每辆车至少使用了 3000 个铆钉，UK 系列也将陆续应用，奥迪汽车公司在轿车的铝质车身上至少使用了 1400 个铆钉。沃尔沃汽车公司不但

图 7-32 压铆的工艺过程 1）

图 7-33 压铆的工艺过程 2）

有自己的车辆锁铆生产线，还建成锁铆设备和铆钉生产线，并首先在沃尔沃日 12 系列重型货车驾驶室应用锁铆技术，自重比以前的减少了 30%，每年节省 244000 美元生产成本。图 7-34、图 7-35 所示分别为奥迪车身的铆接分布以及发动机舱盖锁铆连接和压铆连接的实例。

铝合金车体的连接技术

Audi A2(W10)

连接技术
1800锁铆
20m MIG焊
30m 激光焊

Audi A8(D2)

连接技术
1100 锁铆
70m MIG焊
500 定位焊
178 压铆

Audi A8(D3)

连接技术
2400 锁铆
64 m MIG焊
20m 激光焊
5m Hybrid焊

图 7-34 奥迪车身的铆接分布

2. 铆接件在白车身上的应用

铆接件主要分为铆接螺母和铆接螺钉，在这里主要介绍铆接螺母的应用。

图 7-35　发动机舱盖锁铆连接和压铆连接实例

铆接螺母主要分为压铆螺母、涨铆螺母和拉铆螺母。

压铆是指在外界作用力下，使基体材料发生塑性变形，从而使铆接螺母或螺钉挤入特设的预制槽内，从而实现两个工件可靠的连接。图 7-36 所示为压铆螺母的铆接过程。

a) 压铆前　　　　　　　b) 受力变形　　　　　　c) 铆接完成

图 7-36　压铆螺母的铆接过程

涨铆是指在铆接的过程中，铆接件的部分材料在外力的作用下发生塑性变形，与基材形成紧密配合，从而实现两个工件的连接。涨铆连接工艺简单，但连接强度低，在汽车上应用少。图 7-37 所示为涨铆螺母的铆接过程。

a) 装入紧固件　　　　　b) 受力变形　　　　　　c) 铆接完成

图 7-37　涨铆螺母的铆接过程

拉铆是指在铆接的过程中，铆接件在外力的作用下发生塑性变形，变形的位置通常发生在专门设计的位置，靠变形部位夹紧基材来实现可靠的连接。拉铆需要使用专门的铆接枪进行铆接，用于空间狭窄的地方或不易使用焊接的位置。图 7-38 所示为拉铆螺母的铆接过程。

铆接件一般用于车身上不易采用螺母凸焊的位置，一般在侧围前部与尾部。用于连接翼子板和前后保险杠。图 7-39 所示为拉铆螺母在车身上的铆接过程。

a) 装入紧固件　　b) 受力变形　　c) 铆接完成

图 7-38　拉铆螺母的铆接过程

图 7-39　拉铆螺母在车身上的铆接过程

7.6　切割

7.6.1　切割的分类

按照金属切割过程中加热方法的不同可以把切割方法分为火焰切割、电弧切割和冷切割3 类。

火焰切割按加热气源的不同分为气割、液化石油气切割、氢氧切割和氧熔剂切割等。

电弧切割按生成电弧的不同可分为等离子弧切割、碳弧气割等。

冷切割是指切割后工件相对变形小的切割方法，主要有激光切割、水射流切割等。

7.6.2　常见的切割方式

1. 气体火焰切割

气体火焰切割是利用气体火焰的热能将金属材料分离的方法，气体火焰切割又简称为气割。钢材的气割是利用气体火焰(称预热火焰)将钢材表面加热到能够在氧气流中燃烧的温度(即燃点)，然后送进高纯度、高流速的切割氧，使钢中的铁在氧中燃烧生成氧化铁熔渣，同时放出大量的热，借助这些燃烧热和熔渣不断加热钢材的下层和切口前缘，使之也达到燃点，直至工件的底部。与此同时，切割氧气流把氧化铁熔渣吹走，从而形成切口将钢材切割开。钢材气体火焰切割的原理如图 7-40 所示。

图 7-40　钢材气体火焰切割的原理

气体火焰切割的实质是被切割的材料在纯氧中燃烧的过程，属于放热反应，而不是熔化过程。气割低碳钢时所需的热量中，金属燃烧产生的热量占 70% 左右，而预热火焰供给的热量仅占 30% 左右，所以，金属氧化生成热的作用对气割而言是相当重要的。

并非所有的金属都可以进行气割加工，只有满足以下条件的金属才能顺利地实现气割。

1）金属能同氧发生剧烈的氧化反应并释放出足够的反应热。

2）金属的燃点应比熔点低，否则不能实现氧气切割。

3）燃烧生成的氧化物熔渣的熔点应比金属熔点低，且流动性好。

4）金属的热导率不能太高。

一般碳素结构钢因主要成分是铁，气割性良好，是气割加工的主要材料。

2. 等离子切割

等离子通常描述为物质的第四种状态。当气体不断的升温，其构成的分子的原子发生分裂，形成独立的原子，如果再进一步升高温度，原子中的电子就会从原子中脱离出来，成为带正电荷的原子核和带负电荷的电子，这一过程称为电离，发生电离(无论是部分电离还是完全电离)的气体称为第四种状态，即等离子体(或等离子态)。等离子态下的物质具有类似于气态的性质，例如具有良好的流动性和扩散性。但是，由于等离子体的基本组成粒子是离子和电子，因此它也具有许多区别于气态的性质，例如良好的导电性、导热性。

等离子弧割枪的基本构造和电路如图 7-41、图 7-42 所示。等离子切割利用高能量密度的等离子弧和高速的等离子流，将熔化金属从割口处吹走，形成割口。等离子弧切割速度快，没有氧乙炔切割时对工件产生的燃烧，因此工件获得的热量相对较小，工件变形也小，适合于切割各种金属材料。但由于等离子弧流速高，因此噪声、烟气和烟尘严重，工作环境条件差。等离子弧还可用于焊接、喷涂、堆焊等。

图 7-41 等离子弧割枪的基本构造
1—电极 2—压缩喷嘴 3—压缩喷嘴
孔道长度 4—喷嘴至工件的距离 5—压缩喷嘴
孔径 6—电极内缩距离 7—离子气

图 7-42 有维弧割枪的基本电路
1—电源 2—高频引弧器 3—电阻
4—接触器触点 5—压缩喷嘴
6—电极 7—工件

3. 激光切割

激光切割是利用经聚焦的高功率密度激光束照射工件，使被照射的材料迅速熔化、汽化、烧蚀或达到燃点，同时借助与光束同轴的高速气流吹走熔融物质，从而实现将工件割开，如图 7-43 所示。

激光切割与其他的切割相比，有几点优势：切割质量好；切割效率高；切割速度快；非接触式切割，无磨损、噪声低、振动小、无污染；切割材料的种类多。

图 7-43 激光切割

激光切割目前广泛用于金属加工行业，激光切割速度快，精度高，对中薄板材、铝板、不锈钢等金属板材的切割有明显的优势。

表 7-2 是 3 种切割方式的对比，可根据不同的需求来选择相应的切割方式。

表 7-2 3 种切割方式的对比

切割方法	热影响区宽度/mm	使用板厚/mm	切割速度	设备费用
激光切割	0.04 ~ 0.06	≤4	最快	高
气体火焰切割	0.6 ~ 1.2	≥25	慢	低
等离子切割	0.5 ~ 1.0	≤25	快	中高

本 章 小 结

1. 膨胀胶又称发泡胶、隔振胶，用来减弱钢板与加强梁在行车过程中的振动和噪声，提升整车的舒适性；减少或完全取消结合焊点，提高车身外表美观性。折边胶是用于车身包边处粘接剂的统称。

2. 凸焊是在焊接件的接合面上预先加工出一个或多个凸点，使其与另一焊接件表面相接触，加压并通电加热，凸点压溃后，使这些接触点形成焊点的电阻焊方法。

3. 凸焊的主要工艺参数：电极压力、焊接时间和焊接电流。

4. 凸焊技术作为汽车制造中四大焊接工艺，即点焊、凸焊、弧焊及螺柱焊中的一种，完成车身90%以上的装配工作量，因而凸焊质量对汽车的整车质量有着重要影响。

5. 螺柱焊(stud welding)是将螺柱一端与板件（或管件）表面接触后，提升螺柱，通电引弧，在焊接螺柱和焊接母材之间激发电弧，电弧将焊接螺柱端部和焊接母材表面溶化，并形成焊接熔池；焊接螺柱在一定速度下相对于板件做垂直相对运动，受控地插入熔池；焊接电流终止，电弧熄灭，同时熔池凝固，焊接过程完成，形成全断面熔合的焊缝。

6. 螺栓连接是指用螺栓和螺母将两个带有孔的零件紧固的连接方式。结构简单，连接可靠，装拆方便，被广泛地用于车辆、桥梁、建筑等领域中。

7. 螺栓连接装配的质量控制包括两个方面：①执行螺栓拧紧工艺的电动拧紧枪的准确性和可靠性必须满足要求；②对已经拧紧的螺栓连接，应通过正确的方法进行评定。

8. 传统的铆接是对零件进行预冲孔，再将零件铆接在一起，这种工艺复杂，外观质量差，效率低及不宜实现自动化。现代工艺的铆接克服了传统工艺的弊端，根据其铆接时是否用铆钉分为了锁铆和压铆。

9. 按照金属切割过程中加热方法的不同大致可以把切割方法分为火焰切割、电弧切割和冷切割三类。

10. 常见切割方式有：气体火焰切割、等离子切割、激光切割等。

复习思考与练习

1. 想一想

1）试说出结构胶、膨胀胶、折边胶各用于汽车车身的什么地方。

2）汽车车身为什么有些地方采用凸焊而不采用焊条电弧焊或定位焊？

3）螺栓联接和铆接相比各有哪些优缺点？

4）常见的切割方式有哪些？

5）车门内板等处采用螺柱联接有什么优缺点？

2. 做一做

1）说出结构胶、膨胀胶和折边胶的定义及用途。

2）车身用胶的质量控制从哪3个方面入手？并简述其内容。

3）凸焊的焊接参数有哪些？

4）螺柱焊有什么优点？

5）对于车身的四门两盖采用铰链连接和焊接各有什么优缺点？

6）铆接有何优缺点？

7）试指出切割的分类和各种切割方法的特点？

8）什么称为压铆？什么称为涨铆？

第8章

车身焊装生产线

学习目标 ▶

1. 知道汽车焊装生产线的定义及其构成。
2. 了解汽车柔性化试制线。
3. 了解焊装夹具的用途，掌握焊装夹具常用元件。
4. 了解焊装夹具设计常识。
5. 了解车身焊装计算机控制系统的结构。
6. 了解车身焊装线几个应用技术问题。

8.1 汽车焊装生产线

焊装生产线是指必须经过焊接工艺才能完成完整产品的综合生产线，它包括专用焊接设备、辅助工艺设备以及各种传输设备等。

在汽车白车身生产过程中，焊接作为最主要的连接方式被广泛应用，现以汽车焊装生产线为例进行讲解。

车身焊装生产线是汽车白车身全部成形工位的总称，它由车身总成线和许多分总成线组成，每一条总成线或分总成线又由许多焊装工位组成。每一个工位都由定位系统、焊接系统、搬运系统、检测系统，以及供水、供电、供气等装置组成。各生产线间、各工位间通过人工或自动搬运设备实现焊件的输送。

车身焊装生产线一般依据车身的结构分为分拼线、侧围线、底板总成线、车身线、门盖线、调整线以及输送线等。

1. 分拼线

分拼线是完成车身分拼焊接的生产线，焊接部件主要包括：前后纵梁、前底板、中后底板、前围板、侧围内板等，如图8-1～图8-5所示。

2. 侧围线

侧围线是完成车身上部四周部件焊接的生产线，焊接部件主要包括：侧围外板、前隔壁侧板、车门锁内板、前侧内板加强板组件、中立柱内板肋板组件、车门门槛内板组件、后侧围后轮罩组件、前侧内板、中立柱内板、后侧围板支撑组件等，如图8-6所示。

3. 底板总成线

底板总成线是完成车身底板各部件焊接的生产线，焊接部件主要包括：底板、加强梁、

图 8-1　前纵梁线

图 8-2　后纵梁线

图 8-3　前底板线

图 8-4　中后底板线

图 8-5　侧围内板线

驻车制动操纵机构加强板、横梁、纵梁等，如图 8-7 所示。

4. 车身线（主焊线）

车身线（主焊线）是将底板总成、侧围总成、翼子板、顶棚等部件连接起来的焊装生产

图 8-6　侧围线

图 8-7　底板总成线

线，如图 8-8～图 8-10 所示。

5. 门盖线

门盖线是完成车门部件焊接的生产线，焊接部件主要包括：内板、外板、防撞梁、铰链及螺栓等，如图 8-11～图 8-13 所示。

6. 调整线

调整线主要从事汽车车门、两盖的装配调整工作，检查焊接和装配质量，如图 8-14、图8-15 所示。

图 8-8 车身线一

图 8-9 车身线二

图 8-10 车身线三

7. 输送线

输送线是焊接时各部件进行传输的线体,如图 8-16 所示。

图 8-11　左后门线

图 8-12　行李舱盖线

图 8-13　翼子板线

图 8-14　调整线一

图 8-15 调整线二

图 8-16 空中输送线

各焊装生产线之间的关系如图 8-17 所示。

图 8-17 焊装生产线之间的关系

8.2 焊装生产线介绍

8.2.1 典型焊装生产线案例

下面以一汽轿车为案例进行具体说明。

轿车车身焊装生产线如图 8-18 所示。

图 8-18 一汽轿车车身焊装生产线布置框图

1. 底板总成线

底板总成线采用悬挂式点焊机手工操作焊接。车身底板由车身前部和车身后部组成，车身前部包括左右前轮罩、仪表板总成、前底板总成、前底板竖梁；车身后部包括左右支座总成、中底板总成、行李舱总成、中后底板总成、后纵梁总成，如图 8-19 所示。

图 8-19 在底板总成线上需焊接的部件

2. 车身线（主焊线）

车身线采用焊接机器人组成的自动化生产线，可以流水线生产，通过夹具将车身下部总成、左/右侧围总称、仪表板和流水槽总成、顶盖总成、包裹架总成、后围板总成组合焊接形成车身总成，如图 8-20 所示。

3. 侧围线

侧围线可利用悬挂式点焊机、凸焊机等设备焊接左/右侧围、前侧内板、车门锁内板、前侧内板肋板组件等，如图 8-21 所示。

图 8-20　在车身线（主焊线）上需焊接的部件

图 8-21　侧围线需焊接的部件

4. 门盖线

门盖线可利用悬挂式点焊机、滚边机、胶合机器人等设备，生产加工车门，如图 8-22 所示。

图 8-22　在门盖线上需焊接的部件

5. 车身线

车身线可利用点焊机、凸焊机、滚边机等设备，完成车身上部小部件如发动机舱盖、行李舱盖等部件的加工,如图 8-23 所示。

图 8-23　车身线需焊接的部件

6. 调整线、输送线

运用输送线传送各焊接好的部件,在调整线上进行白车身最后的组装,并检测焊接和装配质量,如图 8-24 所示。

a) 输送线　　　　　　　　　　　　　　　　　b) 调整线

图 8-24　调整线、输送线

8.2.2　汽车柔性化试制线

在汽车产品的自主开发过程中,车身试制已经成为影响开发周期的重要因素。某汽车公司在初步确定某一轿车型号车身结构为基本型的基础上,充分考虑产品的变化,组建一种适应多品种、多系列轿车车身本体总成的试制焊接系统,这种可延伸变化的试制焊接系统确保了焊装夹具及生产线的经济性和柔性化,为新产品试制车身提供了保障。

某汽车公司轿车车身本体总成试制焊接系统的总体设计思路是根据汽车产品的实际情况和具体要求,把实用性、可靠性、经济性和先进性作为目标,并把实用性作为首先追逐的目标,采用组合式夹具对汽车焊装夹具进行组合,由人工进行焊接,并在此基础上开发出既能进行车身开发工作的柔性焊装系统,同时本身又是一套非常实用的小批量车身焊装生产线(满足年开发 5~8 个车型,每个车型生产 20~30 台车身的任务)。

汽车柔性化试制线系统要求:

(1) 适用范围

1）能够满足二厢轿车、三厢轿车、MPV 等系列乘用车车架总成、车身底板及其他所有部件总成的装配、定位和夹紧的需要。

2）夹具由质轻耐磨材料制成，在环境温度为 −4 ~ 40℃ 范围内能保证精度要求。

（2）焊接夹具要求

1）支撑、连接、定位及夹紧机构在装夹后不影响焊钳的操作，具备较好的焊接操作性。

2）根据样车或产品数模，按照该车型型面定位的专用定位及夹紧机构在装配焊接后能满足要求。

3）夹具应具备足够的强度和刚性并能承受一定的冲击力(10^4N)而没有任何变形。

4）夹具需有起吊装备或配置可移动的滚轮。

5）在夹具装配接口部分统一的条件下，定位销的系列尺寸能满足直径 5 ~ 30mm 之间孔的定位需要。

6）在车身型面处的压紧块采用非金属材料，硬度应达到 45 ~ 52HRC。

7）焊接夹具的装夹系统适应试制样车的系列化和柔性化要求。

（3）焊装线的要求

1）焊装线的主体采用钢质桁架结构，水电气动力供给系统布置在桁架顶端，悬挂式点焊机和焊枪吊挂系统以及输送装备均布置在桁架内与桁架相连接。

2）各分总成和本体总成在工位间的输送采用空中电葫芦吊挂与地面滚道相结合的方式。

3）悬挂式点焊机和气动焊枪均采用 Ω 导轨和 Ω 滑车吊挂，确保移动的灵活性，半自动 CO_2 焊机、等离子弧切割机、氧乙炔钎焊设备均布置在其地面相对的工位附近。

4）车身本体总成组焊接夹具的主体采用"门"式(敞开式,可移动)桁架结构。

某汽车公司根据汽车焊装线车身焊接的工艺特点及以上要求，设计出了一套符合白车身骨架各分总成(车架总成、车身下部总成、发动机舱总成等)定位夹紧特点的专用定位柔性夹具部件，结合标准的柔性夹具部件，组成了汽车白车身柔性焊装生产线，使得柔性焊装生产线在开发每一个新车型时的专用件仅限于表面定位件的设计和加工，大大减少了工作量，从而加快了自主开发的步伐。

该车身柔性焊装线包括夹具拼装系统、焊接系统、输送系统 3 个组成部分。夹具拼装系统由车身总拼、下车身、左/右侧围、前/后底板、发动机舱、前/后轮罩、四门两盖等共 12 套分总成夹具组成。典型的几组夹具如图 8-25、图 8-26、图 8-27 所示。焊接系统由悬挂式点焊机(根据不同分总成的焊接工艺特点选取典型焊枪并进行合理布置)、螺柱焊机、MIG 弧焊装置(可焊接钢、铝、铜材料)、等离子弧切割装置、凸焊机等组成。输送系统采用两台 0.5t 的电葫芦完成工件运送。

夹具拼装系统中的车身总拼分总成采用"门式"框架结构，两侧侧围夹具开口并可根据不同车宽连续可调，以方便地进行拼装夹具、施焊以及装卸工件。两侧围夹具的动作为气动夹紧锁定的方案，既可保证作业安全，又能保证车身总成的正确定位与夹紧。其他分总成采用带有角轮的基础板结构，可方便地在拼装区进行拼装。拼装后可根据不同的焊接参数选用相应的典型焊枪进行施焊。

该夹具系统由可同时组建的 12 套大分总成夹具组成。这种配置以最小的夹具数量获得

图 8-25　侧围焊接夹具系统

图 8-26　后纵梁焊装夹具系统

图 8-27　轮罩焊接夹具系统

最佳的组拼结构，即在组拼车架总成的同时，还有车身底板总成夹具、车身前/后底板总成夹具、发动机舱总成夹具、车身左/右侧围总成夹具等主要车身分总成夹具在生产线上，便于车架总成焊装调试时对各分总成的状态及各分总成夹具进行测试和调整。由于组合夹具与专用夹具有类似的定位、夹紧的独立结构形式和容易实现与专用夹具焊装工艺相同的工艺定位形式，使该组合夹具系统与专用夹具系统的焊装状态形式更接近一致，所以，每一个夹具总成的定位夹紧点数量与专用夹具总成的定位夹紧点数量基本一致。

该方案设备配置见表 8-1，其具有以下特点：

表 8-1　车身试制焊接系统设备配置

序　号	名　称	数　量
1	焊装柔性组合夹具	8 套
2	悬挂式点焊机 DN3-160	8 台
3	悬挂式点焊机 DN3-200	2 台
4	电阻焊控制器	10 台
5	手动式点焊焊枪	20 把

（续）

序　号	名　称	数　量
6	凸焊机 TN-200	1 台
7	螺柱焊机 EMHART	1 台
8	等离子切割装置	1 套
9	CPDP350 MIG 焊机	1 台
10	烟尘过滤器（机械、移动式）	1 套
11	氧乙炔钎焊装置	1 套
12	电葫芦与吊具（单钩）	1 套
13	手动定位传输小车	1 台
14	焊枪滑轨、滑车等	10 套

1）专用定位柔性夹具部件与标准的柔性夹具部件结合，大大减少了每一个新车型开发时专用件的设计、加工工作量。

2）根据典型的车身各总成和分总成的柔性组合夹具图库，可方便快捷地进行设计、组装新车型的柔性组合夹具。

3）基于机加柔性组合夹具的组合思想，组合夹具的重复组装一致性准确（不再需要重新量测定位），大大减少了两件以上的少量焊装时间和劳动强度。

4）车身总拼柔性组合夹具以方便组拼夹具、装卸工件、方便施焊为主要目标，因此，主要拼装夹具基础台设计为两侧可滑动开闭的专用柔性组合夹具基础台。

目前，该焊接系统已经成功应用于汽车试制车间进行新车型试制车身的生产，并取得了明显的经济效益，为汽车的产品自主开发赢得了宝贵的时间。

该焊接夹具系统可满足所要求车架的需求，并且，随着车架的不断更新，该组合夹具系统可随时进行扩展，将柔性组合夹具系统分别组合成若干套小部件总成焊接夹具和 10 套大部件总成焊接夹具，可随时增加生产线的焊接工序和工位，提高开发速度和小批量生产产量，甚至增加焊接机器人提高柔性焊装线的技术水平和开发质量。同时，该系统还可以指导以后批量生产的焊装线专用夹具工艺设计、指导批量生产时的焊钳选型以及机器人焊接工艺的制订，在国内同行业汽车试制车身焊接方面处于比较先进的地位。

8.3　汽车焊装生产线夹具

8.3.1　焊装夹具常识

1. 焊装夹具的用途

焊装夹具（图 8-28）在车身生产中的作用包括：通过夹具上的定位销（基准销）、S 面型块（基准面）、夹紧臂等组件的协调作用，将工件（冲压件或总成件）安装到工艺设定的位置上并夹紧，不让工件活动位移，保证车身焊接精度的一致性和稳定性。

2. 焊装夹具基本构造

夹具的基本构造如图 8-29 所示，主要由台板、支座、L 板、基准销、基准面、夹紧机

图 8-28 焊装夹具

构(气缸、夹紧臂、U 形限位块等)等组成。

图 8-29 焊装夹具基本构造

3. 常用焊装夹具组件

(1) 台板 台板用于安装夹具组件,上表面加工有坐标刻度线,用于夹具基准状况的检测,如:三坐标检测仪检测用。

(2) 支座 支座用于支撑夹具台板、夹具高度调节和安放水平调整,使夹具按工艺布置要求定置安放。

(3) L 板 L 板用于安装夹具型块(S 面型块)、基准销组件、夹紧机构、导向装置等夹具组件。

(4) 基准面(S 面型块,图 8-30) 基准面将零件支撑在正确的位置上,并承受夹具夹紧机构的夹紧力。

(5) 基准销 基准销将工件安装到正确的位置上,以保持后续工序定位基准的一致性,保证产品焊接精度的一致性和稳定性。

(6) 夹紧机构(图 8-31) 夹紧机构由 U 形块、夹紧臂、气缸或手动夹等组成,用于矫正变形的工件,缩小工件间的搭接间隙,将工件夹紧固定在正确的位置上(基准面),避免

图 8-30 基准面

焊接作业时工件错位或变形，确保工件焊接精度的稳定性。

图 8-31 夹紧机构

8.3.2 焊接夹具的设计

夹具的主要目的是为了将工件快速、准确地定位以及提供适合的支撑、维持，使在同一夹具上生产的所有工件都固定在特定的范围内，保证产品的精度和互换性。

首先，夹具的设计要满足汽车车身零件的定位要求，所谓定位要求就是设计的夹具能很好地将工件定位，保证良好的焊接质量。要满足这些定位要求，在设计夹具的时候就要严格按照厂家提供的定位夹紧信息去设计夹具。

定位夹紧信息在不同项目中有不同的名称：大众项目 RPS、AUDI 项目 RPS、宝马项目 ASP、通用项目 GDΣT（主定位销）+ CD 点（定位面）。

1. 夹具设计小常识

（1）尽量选择车身定位中靠左、靠下、靠前的部位作为定位　定位体系分为主定位、从定位和辅助定位参考 3 种。

主定位：车身底部的 3 个主定位点由加工工艺和设计工艺、质量容易保证等三个方面一同确定，能够用来进行三坐标测量，定位部位上不允许有焊接。任何一个主定位要求能够支撑整车重量的 2/3。如果没有特殊情况，车身主定位需要用车身底部的孔、长圆孔、面来标注。一般而言，孔的直径需要采用 $\phi25.4mm$ 和 $\phi16.3mm$。

主定位的符号如图 8-32 所示。

主定位孔在图样中的符号如图 8-33 所示。

图 8-32 主定位的符号

图 8-33 主定位孔在图样中的符号

主定位面的要求：主定位面要求平面度小于 0.2mm，定位面区域小于 $1100mm^2$，如图 8-34所示。

（2）夹具的设计要满足焊接要求

1）操作高度。操作高度是指地面到焊枪把手之间的高度，当操作者身高为 175cm 时，焊枪平放时操作高度一般为 800～1100mm，焊枪立放时操作高度一般为 1200～1500mm，如图 8-35 所示。

图 8-34 主定位面的要求

图 8-35 操作高度

2）焊枪通过性。焊枪通过性是指焊枪在焊接时是否便于操作，评判焊枪通过性好坏主要从以下几个方面来进行考虑。

① 尽可能少地进枪与退枪。要满足此要求，设计时就应考虑焊枪操作侧尽量少布置定位器，尽量将定位器设计在另外一侧，在焊枪操作侧尽量留出操作空间，如图 8-36 所示。

图 8-36 在焊枪操作侧尽量留出操作空间

② 焊接过程中容易焊接且不与夹具干涉。应注意熔核附近的定位块与压块的位置设定，定位块和压块尽可能地避开焊钳，如图 8-37 所示。

3）操作者位置的考虑（图 8-38）。操作者的位置主要取决于焊枪的分布，哪侧更容易焊接操作者就在哪一侧，如果焊接时单侧一个操作者不能实现焊接，则需要在另外一侧增加操作者或者更改夹具的形式，改成旋转夹具。

图 8-37 设计时定位块压块尽可能地避开焊枪

图 8-38 操作者位置的考虑

（3）夹具的设计要满足汽车生产的规划要求 夹具的设计要满足汽车生产的规划要求，例如生产的节拍、熔核的分布、夹具在厂房的布置、车身零件的焊接顺序、使用夹具焊接的过程分拆等，这些都是设计夹具时所要考虑的因素，也是夹具设计所要必须满足的要求。当夹具设计与这些因素发生矛盾时，要及时地与规划部门进行沟通和协调，必要时做出适当的更改。更改夹具或者调整相应的规划内容。

以上 3 点是焊装夹具设计的根本，也是夹具设计的最终目的！

2. 夹具设计的定位元件

（1）定位销 定位销是夹具设计中最基本元件，一般一个车身零件销孔的定位需要一个圆形定位销和一个菱形定位销。定位销图样及一般性说明如图 8-39 所示。

图8-39 定位销图样及一般性说明

定位销按使用形式分为如下几种类型。

1)固定销。定位销的使用方式是固定的,夹具的设计中如果有两个或两个以上的定位销时,一般有两个定位销是固定的,其余的定位销则为伸缩的或者是摆动的。固定销使用举例如图8-40所示。

图8-40 固定销使用举例

图8-40a所示定位销3个方向调整,定位销起定位和支撑的作用。

图8-40b和图8-40c所示定位销两个方向调整,定位销只起定位作用

固定销销子的种类及与销座之间的配合要求如图8-41所示。

销座和定位销之间的配合为基孔制配合H7/g6。标记1和3之间是相互配合,其作用是防止定位销的转动。标记2和4之间在销子安装后留出15mm的距离用于安装紧固螺母。

2)伸缩销。定位销的使用方式是伸缩的,伸缩销在以下情况下使用。

当一套夹具在设计时需要有两个以上定位销定位时,为了焊接完毕取件方便,一般设计时最多只允许有两个定位销是固定的(视项目情况而定,非绝对,有时规定有一个定位销是固定的,

图 8-41 固定销的种类及与销座之间的配合要求

其他的为伸缩销,有时规定所有的定位销都是伸缩的),而其他定位销是伸缩的如图8-42所示。

图 8-42a 所示伸缩销 3 个方向调整,定位销起定位和支撑的作用。

图 8-42b 和图 8-42c 所示 定位销两个方向调整,伸缩销只起定位作用。

图 8-43 所示为有 6 个定位销的夹具,定位锁 1 和定位锁 4 可设计为固定的,而其他的设计成伸缩的定位销 2 不是水平布置的,而是带有一定角度或者垂直于基板,这时为了方便取件,定位销也要设计成伸缩的(或者是摆动的)。

固定销、伸缩销设计注意事项:

图 8-42 定位销的作用

图 8-43 有 6 个定位销的夹具

① 当定位销起支撑作用时应考虑定位销支撑面与工件定位面之间的干涉关系（图 8-44），如果标准定位销的销台阶面太大而与工件的定位面干涉，就要设计特殊的定位销以满足要求。

② 当定位销不起支撑作用时，定位销的销台阶面应与工件之间的距离保持在 5mm 左右，这样的设计不仅结构紧凑，而且当取件和放件时对销子径向的扭矩最小，定位销不易折断。定位销取件和放件时的受力示意图如图 8-45 所示。

图 8-44 当定位销起支撑作用时应考虑定位销
支撑面与工件定位面之间的干涉关系

图 8-45 定位销取件和
放件时的受力示意图

3）摆动销。定位销的使用方式是摆动的。一般是工件的定位孔不能直接从下面进行定位，定位时只能从工件的上面或者是侧面进行定位，或者为了躲避焊枪而将伸缩销改为摆动销，如图 8-46 所示。

方式一，定位销直接摆动到位，打开时自动打开，设计时要注意定位销工作面要与转动点处于一条直线。

方式二，定位销手动摆动到位定位工件，设计时要注意定位销工作面要与转动点处于一条直线。

摆动销设计时注意事项：

摆动销的设计主要存在的问题就是定位销打开时和工件干涉，这里所提及的干涉主要指定位销销面与销孔和工件厚度之间的干涉。存在干涉的原因之一是转动点的选择和定位销孔

机器人上件工位的摆动销　　　　　摆动销的位置与转动点之间的关系

图 8-46　摆动销

所在的平面不在一个平面内，原因之二是转动点和销孔的距离太近，距离越近，定位销从工件所走的圆的轨迹圆心角越大，这样就容易干涉。通过图 8-47 可以看出摆动销转动点应与工件厚度中心处于同一平面。

（2）定位块和压块　定位块和压块也是夹具设计中的最基本元件，定位块起到支撑作用，压块起到压紧作用，如图 8-48 所示。定位块和压块的设计首先应满足定位要求，其次要满足焊接要求，再次应满足压紧力要求。

所谓定位要求就是能不能很好地起到定位的作用，能不能完全满足工件的最基本定位夹紧的要求。所谓焊接要求就是定位块和压块的设计能不能避开焊枪，是不能避开，还是刚好避开，还是已最大限度地避开。所谓压紧力要求就是压块的压紧力能不能达到工件所需的压紧力要求 500 ~ 800N，是小于、等于、还是大于定位压力。

图 8-47　摆动销转动点应与工件厚度中心处于同一平面

图 8-48　定位块和压块的作用

好的设计应该是定位点要多于最基本的定位夹紧点，最大限度地避开焊枪，如图 8-49 所示。

3. 夹具设计步骤简介

第一步：取得设计任务

取得熔核工艺和上件顺序图（日式夹具一般从厂家直接取得，欧式夹具需要从本公司规划部门得到）。拿到熔核规划文件后对规划文件上件顺序图及熔核参数进行分析，即本工位设计主要是要完成哪些任务，然后在对此形成初步的设计方案。

第二步：3D 方案的设计阶段

图 8-49　定位点要多于最基本的定位夹紧点

主要是根据规划文件对夹具形成大致设计方案的阶段，进一步验证规划方案的合理性，主要确定工装夹具的定位点、夹紧方式，采取什么样的结构。这一阶段是设计者和规划部门或厂家对方案可行性进一步探讨的阶段。

第三步：3D 设计的初期阶段

本阶段是设计中比较枯燥的一个阶段，但每个步骤必须认真仔细地去完成。本阶段是 3D 设计打基础的阶段。

1）3D 熔核生成阶段。本阶段要将设计时所需要的所有熔核生成到数模中去，并存到工装设计包指定的文件夹中。熔核的生成应该规范化，要严格按照熔核号进行生成，因为在设计的过程中难免遇到熔核规划不合理的情况，相应熔核可能会取消或增加，严格执行熔核的生成顺序，便于将来对熔核的更改。

2）焊枪选型。本阶段是根据工件的形状和熔核所处的位置选择合适的焊枪，并将主要熔核的焊枪放在数模之中，并将布好的焊枪存在工装设计包中指定的文件夹中。另外，焊枪的数量一般在规划文件中有个粗规划，设计时要尽量按照规划文件中要求的数量去对焊枪选型。如果不能达到实际的使用要求，也不要拘泥于原规划文件的限制，可与相应规划员进行沟通，进行探讨，取得规划与设计的统一性。

3）确认操作高度及夹具方式。操作高度一般在 800～900mm 之间，主要考虑焊枪的把手到地面的距离，不能太高或太低。另外本阶段还要暂定一下夹具的使用方式，是采用固定式、旋转式，还是翻转式。

第四步：3D 设计的中期阶段

本阶段是夹具成形的关键阶段，也是与规划员沟通最多的一个阶段，往往规划方案的好坏在这一阶段最能体现。设计过程中可能会涉及焊枪的更换、熔核的增减等，严重时可能会将前面所做工作推翻，重新制订新的方案。因此需要设计者与规划员做好沟通，协调一致。

第五步：3D 会审阶段

本阶段是与厂家一起对夹具方案的可行性做最终确定的阶段，设计者需要将自己的设计思路展现给厂家会审人员，尽量将问题找出来，为以后现场调试打下良好的基础。

第六步：3D 的完善阶段

本阶段主要工作是对工装夹具进行完善，也是检查设计中纰漏的阶段，并将其改正，将纸质文件打孔、装订，整理工装设计包中的文件夹，做到 CATIA 设计书清晰明了，文件夹整齐有序，保证每个设计者都可以轻松地找到每个工件的位置，也为以后现场调试带来便利。

第七步：2D 拆图及投产

根据前面的设计成果，绘制出二维图，并进行试制。

8.4 车身焊装计算机控制系统的结构

8.4.1 工位控制系统

一条全部由工业机器人(焊接、装配、搬运机器人)组成的车身焊装线，一般是以一个工位为一个控制单位。在工位内，受控对象包括点(电弧)焊机器人、焊接电源、焊装夹具、搬运与装配机器人及主传动链。图 8-50 所示的车身总成合线的拼装点焊工位中包括了上述所有受控对象。

图 8-50 车身总成合线的拼装点定焊工位

现代的商品焊接机器人都是与焊接系统产品供应商协同开发的，将焊接系统控制器统筹规划于焊接机器人焊装工位上的硬件控制设备中，这样，工位控制系统就包括以下 4 个系统的控制器：焊接机器人控制器、搬运与装配机器人控制器、焊装夹具系统控制器和工件传送链系统控制器。

在某一具体的焊装工位上，必须使 4 个系统之间相互协调配合，才能完成规定的焊装任务。负责 4 个系统相互协调配合的是工位指挥控制计算机(图 8-51)，它一般由可编程序控制器(PLC)担任。

图 8-51 工位指挥控制计算机

8.4.2 车身车间管理级计算机系统

车身车间管理级计算机系统是由管理计算机(一般多采用冗余设计,即由两台以上的计算机并行运行方式,图8-52)和系统管理软件库构成。管理计算机与车身车间的所有生产线工位控制 PLC 系统(图8-53)、辅助设备、升降机构、焊装夹具、物料传送线等, 通过管理工业总线连成工业以太网。

图 8-52 计算机并行运行方式

图 8-53　生产线工位控制 PLC 系统

管理级计算机系统的功能:

1) 生产设备当前运行状态信息的显示。由于生产线的生产过程是由现场工位上的 PLC 控制的, 而且这些 PLC 都挂在工业以太网上, 可与管理计算机交换信息, 即管理计算机可以通过该网采集现场 PLC 的所有 I/O 信号。管理计算机对这些信号经过汇总和分析, 判断出全车间各生产线各部分的当前运行状态, 并把这些运行状态存入信息交换处理单元内的相应数据块 DB。同时这些运行状态信息是随着信息交换处理单元运行周期而实时刷新的，并将得到的生产设备当前运行状态信息以动态图形画面的形式生动、形象地显示出生产设备当前的运行状态。

2）实时分析发生在各生产线上设备的故障状态及具体部位。管理计算机系统可对从生产工位 PLC 送来的故障信息进行分类归档处理，同时在设备维修手册数据库中进行检索，找出故障发生的位置、故障发生的原因及排除故障的主要方法。同时，管理计算机系统软件还可把故障发生的时间、位置、原因及排除的情况记录到设备档案数据库中，并形成各种报表。

系统判断出故障所在生产线、工位、部位等位置信息和故障类型后，随即把判断结果送到相应工位控制计算机的监控与数据处理系统，并显示出来，以提示维修人员。

8.5　车身焊装线几个应用技术问题

8.5.1　白车身焊接变形的控制原则与实时测量技术

1. 焊接变形的控制原则

1）对称施焊原则。对于汽车车身及有对称结构的工件，一般都遵循"对称施焊"原则，即从对称工件的两边同时进行焊接，以使工件所受的焊接热应力均衡，焊接变形就会减小，图 8-54 所示为车身焊装线上对称分布的焊接机器人。

2）组装工位应遵循"先定位焊、后组装焊"的原则。其目的是尽量减少短时间内向工件输入过多的焊接热量。

3）为尽量减少向工件一次输入过多热量，应将较长的焊缝分为较短焊缝分段分时施焊。这就是为什么白车身焊装线上，虽然焊缝总长度不是太长，但 CO_2（或 MIG）焊机器人的数量却很多。当然，这一方面是考虑生产率，同时也是基于减小焊接热输入，图 8-55 所示为白车身总成合的 MIG 焊机器人。

图 8-54　车身焊装线上对称分布的焊接机器人　　　　图 8-55　白车身总成合的 MIG 焊机器人

2. 车身焊接变形的实时测量

车身总成的焊后变形实时测量是控制车身几何尺寸误差的重要手段。因为当变形量的实时在线测量白车身尺寸超差时，生产线将会警告提示，并且检测系统中将存储每个白车身的测量数据，以供离线分析。现在国内几家车身厂，如上海大众、重庆长安，也采用了图 8-56

所示的车身激光三维在线测量系统。使用该系统后，可将车身的变形与尺寸偏差控制在±2 mm的范围内，这也是目前车身制造的先进水平指标。

8.5.2 焊接机器人"兼职"——工具自动切换技术

有时为节约工作场地、缩短工作时间，有时受工位空间所限，在车身焊装线上的某些工位，特别是白车身总拼工位，有的焊接机器人既要完成某一特定的焊接工作，又要负责把工件或夹具抓起来放到主线上组装（图8-57所示中的焊接机器人就正在"兼职"搬运一件夹具），这种焊接机器人采用一种所谓"枪/手"自动切换技术或"钳/钳"自动更换技术（图8-58），一般是由可编程序控制器进行控制。

图 8-56　车身激光三维在线测量系统

图 8-57　焊接机器人正在"兼职"搬运一件夹具

8.5.3 机器人滑台式外部轴的控制技术

在车身总成合的拼装定位焊接工位上，一般有6台以上的焊接机器人一起工作，要完成左/右侧围与车架的装配点定位焊、顶盖装配、车架装配及其他工件的装配。

在极其有限的空间范围内，焊装夹具、输送装置、自动焊枪等装置拥挤在一起，为了保证成车组焊，一般给几台机器人装上滑台式外部轴（图8-59所示为有滑台式外部轴的焊接机器人）。即在工作时才到"前台"，否则，退到"后台"待命。

图 8-58　焊接机器人采用一种
所谓"枪/手"自动切换技术

8.5.4 机器人的多任务规划

焊装线上某台焊接机器人一旦出现故障时，焊装线的控制管理系统除了令其及时报警、切断电源并等待维修外，还要将它所担任的焊接任务及时转交给其他机器人，这就存在一个所谓机器人的多任务规划问题。如图8-60所示，德国大众与奥迪车身焊装线是按"混流"生产形式设计的。

图 8-59　有滑台式外部轴的焊接机器人

图 8-60　德国大众与奥迪车身焊装线是按"混流"生产形式设计的

机器人的多任务规划问题在车身焊装线的筹建阶段就应该从以下几个着眼点加以考虑。

1）焊装线的生产率与生产节拍。

2）焊装线的生产方式，即"混流"多品种方式、还是单一品种方式。

3）每个工位焊接机器人的品牌、类型、控制系统结构。

4）焊装线计算机控制系统的硬、软件系统结构性能、设计者的知名度。

8.5.5　"多人"避碰技术

白车身机器人焊装线上，由于"人口"密集，加上焊装线属电磁干扰极为严重的环境，还有某些早期生产的机器人设计上的不足，特别是机器人电控系统的抗干扰性能不佳时，则会偶尔造成相邻机器人的碰撞、甚至造成伤人事故。

目前机器人控制系统在处理信号交换时，都采用外部 I/O 信号来交换彼此的工作状态（如焊装工位的机器人控制系统），信号检测还只是以一个"点"的方式测量，即在某一运动程序行中，确认某一个交换信号是否存在来决定机器人是否继续下面的工作，而不是在一个运动区域中持续检测其他障碍物或机器人的状态，这样，一旦检测过程结束而机器人的运动轨迹发生错误或信号交换不正常时，碰撞就发生了。

为进一步解决这一问题，国外已有机器人配套件厂商提供使用"力传感器"的硬件构成避碰机器人（图 8-61 所示为 ATI 公司的有"力传感器"的工业机器人手腕法兰）和编制更为可靠的"多机器人避碰控制软件"。

图 8-61　ATI 公司的有"力传感器"的工业机器人手腕法兰

本 章 小 结

1. 车身焊装生产线是汽车车身 BIW（Body in White）全部成形工位的总称，它由车身总成线和许多分总成线组成，每一条总成线或分总成线又由许多焊装工位组成。

2. 车身焊装生产线一般依据车身的结构分为：分拼线、侧围线、底板总成线、车身线、门盖线、调整线以及输送线等。

3. 在汽车产品的自主开发过程中，车身试制已经成为影响开发周期的重要因素，因此出现了汽车柔性化试制线。

4. 焊装夹具主要功能是保证车身焊接精度的一致性和稳定性。

5. 常用焊装夹具元件有台板、支座、L 板、基准销、基准面、夹紧机构（气缸、夹紧臂、U 形限位块等）。

6. 焊接夹具设计主要考虑工件定位、能满足焊接要求和生产规划要求等三个方面。

7. 控制焊接变形的原则：对称施焊原则、"先定位焊，后组装焊"的原则以及分段分时施焊原则。

复习思考与练习

1. 想一想

1）车身焊装生产线应完成哪些工作？

2）车身焊装生产线上为什么点焊机最多？

3）车身焊装生产线上各零部件采用什么方式进行传递？

4）车身重量是轻一些好还是重一些好？

2. 做一做

1）什么称为车身焊装生产线？它由哪些部分所组成？

2）底板总成线和主焊线分别由哪些部分所组成？

3）焊装夹具有什么用途？常见的焊装夹具组件有哪些？

4）焊装夹具设计小常识主要有哪些？

5）定位销有哪几种？并分别简述其特点。

6）控制焊装变形的原则有哪几点？

7）机器人的多任务规划需要从哪几个方面考虑？

8）如何避免在焊装生产中的机器人"多人"避碰？

第9章
机器人及电气控制

学习目标 ▶

1. 了解机器人的定义及作用。
2. 掌握机器人的组成及分类。
3. 了解示教输入型机器人操作。
4. 掌握点焊机器人、弧焊机器人的组成及工作要求。
5. 了解其他焊接机器人的组成及相关控制程序含义。
6. 了解焊装电气控制构成及作用。

9.1 机器人概述

9.1.1 机器人的定义

机器人是具备两个以上自由度的机械结构和记忆装置的结合体。机械结构是能够按照记忆装置所存储的信息在空间进行动作的机本体(图9-1)。本章以工业机器人为主进行讲解。工业机器人是面向工业领域的多关节机械手或多自由度的机器装置,是靠自身动力和控制能力来实现各种功能的一种机器,它可以接受人的指挥,也可以按照预先编好的程序运行,现代的工业机器人还可以根据人工智能技术制定的原则纲领行动。

9.1.2 机器人的机械结构

所谓机械结构,是指将机械臂安装在机体的外部,其前端可以把持物体(抓、吸等)或者安装焊枪或者抓手等作业工具进行作业的装置,如图9-2所示。

9.1.3 机器人的构成

工业机器人由本体、驱动系统和控制系统3个基本部分组成,如图9-3所示。本体即机座和执行机构,包括臂部、腕部和手部,有的机器人还有行走机构,大多数工业机器人有3~6个运动自由度,其中腕部通常有1~3个运动自由度;驱动系统包括动力装置和传动机构,用以使执行机构产生相应的动作;控制系统是按照输入的程序对驱动系统和执行机构发出指令信号,并进行控制。

工业机器人按臂部的运动形式分为4种,如图9-4所示。直角坐标型的臂部可沿3个直

图 9-1 机器人

焊枪

基座

图 9-2 机器人的机械结构

机器人本体(含驱动系统)

控制系统

示教器

图 9-3 工业机器人构成

a)直角坐标型   b)圆柱坐标型

c)球坐标型   d)关节型

图 9-4 工业机器人臂部的运动形式

1—小臂 2—大臂 3—立柱 4—机座

角坐标移动；圆柱坐标型的臂部可作升降、回转和伸缩动作；球坐标型的臂部能回转、俯仰和伸缩；关节型的臂部有多个转动关节。

工业机器人按执行机构运动的控制机能，又可分点位型和连续轨迹型。点位型只控制执行机构由一点到另一点的准确定位，适用于机床上下料、定位焊和一般搬运、装卸等作业；连续轨迹型可控制执行机构按给定轨迹运动，适用于连续焊接和涂装等作业。

工业机器人按程序输入方式区分有编程输入型和示教输入型两类。编程输入型是将计算机上已编好的作业程序文件通过 RS232 串口或者以太网等通信方式传送到机器人控制柜。示教输入型的示教方法有两种：一种是由操作者用手动控制器（示教操纵盒）将指令信号传给驱动系统，使执行机构按要求的动作顺序和运动轨迹操演一遍；另一种是由操作者直接操纵执行机构，按要求的动作顺序和运动轨迹操演一遍。在示教过程的同时，工作程序的信息将自动存入程序存储器中，在机器人自动工作时，控制系统从程序存储器中检出相应信息，将指令信号传给驱动系统，使执行机构再现示教的各种动作。输入示教程序的工业机器人称为示教再现型工业机器人。

具有触觉、力觉或简单的视觉的工业机器人能在较为复杂的环境下工作，如具有识别功能或更进一步增加自适应、自学习功能，即成为智能型工业机器人，它能按照人给的"宏指令"自选或自编程序去适应环境，并自动完成更为复杂的工作。

1. 机器人本体动作轴简介

1）一般的机器人都是由 6 个转轴组成的空间 6 杆开链机构，如图 9-5 所示，理论上可达到运动范围内空间任何一点。

图 9-5 机器人动作轴

2）有着和人的肩膀到手臂、手腕相似的动作和形状。

3）各轴均以交流伺服电动机为动力源，每个电动机后均有编码器。

4）每个转轴均带有一个齿轮箱，机器人的运动精度达 $\pm 0.05 \sim \pm 0.02$。

5）通过各轴动作的组合，能高效迅速的进行复杂的作业。

2. 示教器

以常见的 C5G 机器人为例进行分析，其控制单元示教器用于手动控制机器人运动，对其编程并执行和修改步进运动，能提供系统控制和监控功能，也包括安全装置（启用装置和紧急停止按钮）。此示教器适合于各种用户，适用于右手或左手使用，其组成如图 9-6 所示。

示教器的显示器为图形 6.4^{in} TFT 彩色，分辨率为 640 × 480 像素，示教器上还有键、按钮和 LED 指示灯、USB 端口。

手动启动机器人：在示教器的背面，启用设备的按钮有两个，如图 9-7 所示。右侧按钮和左侧按钮的方式操作相同，目的是右手和左手操作员都有一个启用设备的按钮。采用三位置安全装置，中间位置保持按下，当系统处于编程模式时，允许在自动或手动模式中移动。当按下此按钮时，自动激活电动机（DRIVE ON）。

图 9-6 示教器

1—模式选择开关 2—LED 指示灯 3—急停按钮
4—显示器 5—enter 确定按钮 6—start 按钮
7—JPAD 键 8—黑色键和 JOG 键 9—字母数字键盘

图 9-7 示教器背面

这些操作类型如下：

1）释放——Drive OFF。

2）中间压力——Drive ON。

3）完全按下——Drive OFF（应急）。

4）同时按下这些按钮会被系统解读为错误，因此每次只能使用一个按钮。

3. 控制柜-C5G 控制单元介绍（图 9-8、图 9-9）

（1）主开关（图 9-10） 系统打开/关闭时需要使用主开关。主开关位于控制柜的门内。

（2）系统通电 按照以下步骤给 C5G 机器人的控制单元通电。

1）关闭机器人控制柜的门。

2）检查以下电缆是否连接好：

① 电源电缆。

② 到机器人的 X10 和 X60 电缆。

③ 安全设备电缆 X30。

图 9-8　控制单元正视图　　　图 9-9　控制单元背视图　　　图 9-10　主开关

提示：断电之后，要至少等 30s 才能重新打开控制单元电源。

3）通过将主开关转到 ON 接通电源，激活控制单元，同时向所有模块提供电源。

4）如果想让机器人运动（STARTUP 程序激活动作程序），必须接通驱动装置的电源，并按下示教器上的 START 键。

（3）系统关机　只要将主开关转到 OFF，就可以令系统关机。这种情况下，关机程序如下：

1）将系统设置为 DRIVE OFF。

2）将主开关转到 OFF。

任何情况下，都必须遵循软件关机程序，避免不必要地浪费 UPS 缓冲电池周期，否则会降低电池的寿命。

（4）软件关机　当用户希望关闭控制单元和示教器时，可请求软件关机。

以下任意一种操作命令都可以激活请求软件关机：

① 示教器：在主页中执行命令重启（F4），关机（CCRS）。

② PC（通过 WinC5G 程序）：配置控制器关机重启（CCRS）命令。

③ PDL2 编程（通过 SYS_CALL - CCRS）。

警告：如果关机命令通过 SYS_CALL，须始终检查 SYS_CALL 的最终状态以排除任何异常情况。

如果通过示教器命令关机，那么需要完成以下步骤：

① 大约 5s 之后，示教器显示屏将会清空，至少需要等待 30s。

② 将主开关转到 OFF。

（5）机器人的动作原理

1）示教模式（图 9-11）

① 用示教器进行各轴动作的操作。

② 动作后的各轴位置用编码器进行读取（位置数据：1~6 轴的坐标值）。

③ 在示教器程序中记录下当前点的位置数据保存在存储器中。

2）再生模式

① 由控制柜 CPU 发出到下一个停止点的目标数据。

② 编码器检测出当前机器人的位置数据（当前值）反馈给控制柜 CPU。

③ CPU 进行计算，比较当前值与目标值，将偏差值作为偏差信号发给伺服放大器。

电动机、编码器
示教器

机器人控制柜

图9-11 机器人示教模式

④ 伺服放大器收到偏差信号后输出电流。

⑤ 伺服电动机根据电流进行动作，机器人动作到指令值偏差为0时，到达目标指令值。

9.2 焊装机器人用途及分类

根据焊装工艺需求，焊装机器人可以分为定位焊机器人、搬运/抓件机器人、激光机器人、弧焊机器人、其他用途机器人。

9.2.1 定位焊机器人

1. 定位焊机器人的组成

定位焊机器人由机器人、焊接控制器和焊枪三部件组成(图9-12)。软件方面需安装定位焊应用包。

机器人控制柜与焊接控制器通过profibus通信交换信号，机器人控制柜给焊接控制器提供安全电源和24V控制电源。

2. 正常焊接条件

1) 机器人安全识别信号。

2) 机器人运动到焊接点给出焊接指令。

3) 焊接控制器调用合适的焊接参数。

4) 良好的板件配合。

5) 冷却水循环正常。

3. 焊接过程程序

```
BEGIN
--weld segment
MOVE JOINT TO wp0001p,
WITH CONDITION[spot(38581)],   调用焊接参数
ENDMOVE                        焊接完成
MOVE JOINT TO wp0002p,
WITH CONDITION[spot(38582)],   运动到指定点
ENDMOVE
```

9.2.2　搬运/抓件机器人

1）基本组成。搬运/抓件机器人硬件方面主要由机器人主体、抓手、I/O 模块组成，如图 9-13 所示，软件方面则需要抓手应用包。

图 9-12　定位焊机器人组成

图 9-13　搬运/抓件机器人

2）通信协议：profibus。

3）I/O 模块。I/O 模块可以对抓手上所安装的气缸、工件传感器、吸盘等装置的信号进行采集，通过 profibus 通信协议与机器人进行信号交换。同样，机器人控制柜通过该协议对抓手进行动作控制。

4）抓手机器人配置范围。

抓手：Gripper_（1~3）

气缸：Sequence_（1~6）

吸盘：Vacuum_（1~6）

工件传感器：Part_ present_（1~5）

5）常用程序指令：

Gripper_ sequence（ai_grip, ai_seq, ab_state, < ab_check >）

ai_ grip：gripper to be used	—启用的抓手
ai_ seq：　sequence to be used	—启用的气缸
ab_ state：ON - > calls the sequence closure	—气缸关闭命令
OFF - > calls the sequence opening	—气缸打开命令
ab_ check：ON - > inputs checked	—检查输入信号
OFF - > inputs check excluded	—忽略输入信号

Gripper_ vacuum（ai_grip, ai_vac, ab_state, < ab_check >）

ai_ grip：gripper to be used	—启用的抓手
ai_ vac：suction device to be used	—启用的气缸
ab_ state：ON - > calls aspiration	—吸盘吸气命令
OFF - > stops aspiration	—吸盘停止吸气命令
ab_ check：ON - > vacuum meter check	—检查输入信号
OFF - > vacuum meter check off	—忽略输入信号

gripper_ chkpart（ai_grip, ai_part, ab_state）

ai_ grip：gripper to be used　　　　　　一启用的抓手
ai_ part：part presence to be used　　　一启用的传感器
ab_ state：ON - > check presence　　　　一检查在位信号
　　　　　OFF - > check absence　　　　　一检查不在位信号

9.2.3　激光焊接机器人

（1）基本组成　激光焊接机器人主要由机器人、激光源、光纤和激光头组成，见表9-1。

表9-1　激光焊接机器人基本组成

（2）激光焊接机器人系统基本工作原理　激光焊利用高能量的激光脉冲对材料进行微小区域内的局部加热，激光辐射的能量通过热传导向材料的内部扩散，将材料熔化后形成特定熔池。它是一种新型的焊接方式，激光焊主要针对薄壁材料、精密零件的焊接，可实现定位焊、对接焊、叠焊、密封焊等，深宽比高、焊缝宽度小、热影响区小、变形小，焊接速度快，焊缝平整、美观，焊后无需处理或只需简单处理，焊缝质量高，无气孔，可精确控制，聚焦光点小，定位精度高，易实现自动化。

9.2.4　弧焊机器人

1）弧焊机器人的基本组成如图9-14所示。

图9-14　弧焊机器人的基本组成
1—C5G控制柜　2—机器人本体　3—弧焊机电源　4—遥控器　5—送丝机　6—送丝缓冲器
7—弧焊枪　8—水箱

2）机器人焊接过程：

```
move joint to pnt0001p
arc_ init                              —初始化焊接程序
arc_ prog(8)                           —调用焊接参数
move linear to pnt002p
arc_ start(1)                          —起弧开始
move linear to pnt003p
arc_ end(0)                            —断弧
```

9.2.5 涂胶机器人

机器人代替人的工作进行涂胶，从事的工作量大，而且做工精细、质量好。设计一个涂胶系统的首要任务是根据机器人所要完成的工作，先确定机器人的结构类型，可以是龙门式、挂壁安装式等；再按工作要求所给出各轴的运动行程、负载、运动速度、加速度和动作周期来选每个运动轴直线运动单元的型号。

涂胶机器人系统

1）系统组成：涂胶机器人系统主要由机器人、胶泵、涂胶控制器、定量机和胶枪组成，如图9-15所示。

图9-15 涂胶机器人系统

2）涂胶过程：

```
BEGIN
glue_ init(1)                                      —涂胶初始化
glue_ prepara(1)                                   —涂胶准备信号
MOVEFLY LINEAR TO pnt0003p ADVANCE
WITH CONDITION［glue_ opengun］,                    —命令涂胶机打开抢嘴出胶
ENDMOVE
MOVEFLY LINEAR TO pnt0003p ADVANCE
WITH CONDITION［glue_ opengun］,                    —命令涂胶机关闭抢嘴停止出胶
```

ENDMOVE

END prog_ 1

9.2.6 其他用途机器人

根据焊装工艺要求，可使用各种用途的机器人，用来满足焊装精度和强度的要求。

其他用途机器人有螺柱焊接机器人、滚边机器人、测量机器人、切割机器人、打磨机器人。这些应用均是以机器人作为载体，通过不同的通信方式，实现信号的采集和交换，从而达到实现生产工艺要求的目的。

9.3 焊装电气控制概述

在汽车焊装车间，涉及的工艺设备多、生产工艺复杂，并且要求的电控系统必须安全、稳定、可靠，因此，只有合理可靠的电气控制系统才能保证车身生产的工艺和产品的高质量。先进的电气控制系统在汽车生产线上大多数采用集散控制方式。PLC 控制技术、现场总线、工业以太网已广泛应用，人机界面大大提高了整条生产线的可控性和维修性，使故障信息一目了然，减少了维修时间和工作量。焊接控制系统集中在线编程为整车的焊接质量提供了有力的保障。

某公司焊装车间共有 10 条全自动生产线包括底板线 1、底板线 2、左/右侧围线、车身主线 1、车身主线 2、顶篷钎焊线、前纵梁切割线、左/右门线，拥有由 6 套 PLC 控制系统控制的 13 条空中输送线，每条自动化线都采用西门子 CPU 319-F 控制和西门子上位机监控，采用 profinet 现场总线网络通信，每个工位都有安全保护装置(图 9-16)，如安全光幕、安全门、激光区域扫描仪等。

图 9-16 某公司焊装车间电气控制布局

9.4　焊装电气控制构成及功能

9.4.1　焊装电气控制硬件介绍

从网络角度，整个电控系统可以分为两层网络：第一层现场管理网是工业以太网，主要完成编程信息和统计诊断信息的交换及处理工作，服务器、信息可视设备、统计诊断设备、各种编程设备、各种控制器（PLC 主控制器、激光控制器、机器人控制器）及操作 PC 都连接到该层网路；第二层现场控制网是 profinet 网，主要完成对现场各种传感器信号和执行器指令的处理和交换，要求快速准确，各种控制器（PLC 主控制器、激光控制器、机器人控制器）、I/O 设备、操作面板及各种执行器（变频器、夹具、焊钳）都连接到该网络。

从设备角度，整个电控系统分为三层：第一层是管理设备层，包括服务器、信息显示、诊断设备和编程设备；第二层是控制器层，包括主控制器 PLC 和其他系统控制器（如激光控制器和机器人焊接控制器）；第三层是传感器和执行器层，包括各种 I/O、操作面板、变频器、执行器和继电器等。

1. 主控制器的配置（图 9-17）

图 9-17　主控制器

主控制器中 PLC 是核心设备，它一方面协调控制现场各种设备按照工艺顺序的要求工作，另一方面接受编程设备的配置信息，向上层设备发送实时生产信息和设备状态信息，供上层设备统计、诊断和显示。

2. 工位 HMI（图 9-18）

通过工位 HMI 上的操作按钮和面板，操作人员可以对本工位的设备，如夹具等进行手动操作或者自动控制。通过各种指示装置和面板的闪亮判断本工位状态，包括警告、错误提示，从而进行正常的操作和处理。同时，该系统可以通过操作按钮对本位进行操作模式切换，以及进行正常的启动、停止和维修设置操作。在紧急状态下，操作人员可以通过本工位的急停开关停止本工位和整条线，以确保人身和设备安全。

图9-18   工位 HMI

3. 焊装生产线人机界面(图9-19)

图9-19   焊装生产线人机界面

焊装生产线人机界面通过 Wicc 进行组态调试，人机界面分级显示生产线图、工位图、装备图等，并用不同颜色显示装备的不同状态，如工作、停止、故障信息等，还可以显示 PLC 的 I/O 状态，显示变频器、机器人的各种故障码，当有故障时能自动弹出警告信息，并对警告记录进行归档统计，保留故障历史记录，用于日后维修和点检设备时作为参考依据。

4. 全线生产信息管理（图 9-20）

图 9-20　全线生产信息管理界面

ANDON 系统与 PLC 进行通信，可实现生产信息的可视化和管理，通过显示屏实时显示生产线的状态信息，可使操作人员在任何工位都能看到全线的生产状况，包括每个工位的工作模式、是否完工以及安全状态等。PLC 结合诊断和信息统计计算机，通过相应的画面可以随时了解本工段生产统计信息，包括目标产量、当前产量、每个工位的工作时间、故障时间、交接班情况等。同时，生产信息还可以通过工业以太网传送到车间管理网，生产管理人员可以随时查看目前和历史生产情况，做出及时、准确的计划。

9.4.2　焊装电气软件介绍

汽车车身焊装车间自动化系统除了构建整个硬件网络之外，焊装车间自动化控制技术的软件部分在整个车身制造中发挥着关键的作用。对于汽车焊装车间的上位监控管理系统和设备层中的工位 HMI 程序的编制，不同的汽车厂家要求差异很大。对于焊装车间中大型 PLC 程序的编制，为了提高 PLC 程序的一致性、可读性、可移植性和提高编程效率等，汽车厂家一般都要求焊装设备集成商采用结构化、模块化编程方式。

1）PLC 程序编辑软件西门子 step7。

PLC 程序编辑软件西门子 step7（图 9-21）可以对现场硬件进行组态、网络联机调试，进行逻辑程序编辑，采用结构化，模块化编程方式。

2）工位 HMI 画面组态软件 Wiccflexible。

工位 HMI 画面组态软件 Wiccflexible（图 9-22）可以对设备工作状态进行显示，如指示灯、按钮、文字、图形、曲线等，进行数据、文字输入操作，生产配方存储，设备生产数据记录，可以连接多种工业设备控制网。

3）博世焊接控制器编程监控软件 BOS6000 如图 9-23 所示。

4）伦茨变频器编程软件 L-Force Engineer 如图 9-24 所示。

a)

b)

图 9-21 PLC 程序编辑软件西门子 step7 界面

图 9-22　HMI 画面组态软件 Wiccflexible 界面

图 9-23　博世焊接控制器编程监控软件 BOS6000 界面

图 9-24　伦茨变频器编程软件 L-Force Engineer 界面

本 章 小 结

1. 机器人是具有 2 个自由度以上的机械结构和记忆装置的结合体；机械结构是能够按照记忆装置所存储的信息在空间进行动作的本体。

2. 工业机器人由本体、驱动系统和控制系统三个基本部分级成。

3. 工业机器人按臂部的运动形式分为四种。

4. 工业机器人按执行机构运动的控制机能，又可分点位型和连续轨迹型。

5. 工业机器人按程序输入方式区分有编程输入型和示教输入型两类。

6. 根据焊装工艺需求，焊装机器人可以分为：点焊机器人、搬运/抓件机器人、激光机器人、弧焊机器人、其他用途机器人等。

7. 点焊机器人由机器人基本组成、焊接控制器、焊枪三大块组成（图 9-12）。软件方面需安装点焊应用包。

8. 焊装电气控制的硬件和软件。

复习思考与练习

1. 想一想

1）现在机器人能像人一样行走吗？

2）是否所有的人工操作均能由机器人完成？若工厂大量采用机器人对社会会产生怎样的影响？

3）为什么在焊装生产中要采用机器人？

4）你所知道的国产焊装机器人有哪些？世界上著名的焊装机器人又有哪些？

2. 做一做

1）什么叫机器人？什么称为工业机器人？

2）工业机器人由哪几部分所组成？按臂部的运动形式可分为哪 4 类？

3）根据焊装工艺需求，焊装机器人可以分为哪几种？

4）定位焊机器人正常焊接条件有哪几点？

5）激光焊接机器人一般由哪 3 部分所组成？它有哪些特点？

6）焊接电气控制硬件系统从网络角度可分为哪两层？并介绍其功能。

第10章
车身焊装生产管理

学习目标

1. 了解焊装车间管理的标准和要求。
2. 知道现场管理的三大工具。
3. 学会读懂焊装作业标准书。
4. 了解6S管理的要求。
5. 知道现场生产的质量控制遵循"三不原则"。
6. 了解安全生产法规,知道安全生产的危险源及预防措施。
7. 掌握焊装车间安全生产要求与规定。
8. 了解焊装生产劳保用品及异常情况处理办法。
9. 了解汽车焊装车间设备的节能改造。

10.1 焊装车间管理

10.1.1 生产现场管理体系

生产现场管理就是指用科学的管理制度、标准和方法对生产现场各生产要素,包括人(工人和管理人员)、机(设备、工具、工位器具)、料(原材料)、法(加工、检测方法)、环(环境)、信(信息)等,进行合理有效的计划、组织、协调、控制和检测,使其处于良好的结合状态,达到优质、高效、低耗、均衡、安全、文明生产的目的。生产现场管理是生产第一线的综合管理,是生产管理的重要内容,也是生产系统合理布置的补充和深入。

优秀现场管理的标准和要求:

定员合理、技能匹配;	规章制度、落实严格;
场地规划、标注清晰;	工作流程、有条不紊;
材料工具、放置有序;	现场环境、卫生清洁;
设备完好、运转正常;	安全有序、物流顺畅;
定量保质、调控均衡;	登记清楚、应记无漏。

生产现场管理的三大工具:标准化、目视化、看板管理。

1. 标准化

1)标准化。所谓标准化,就是将企业里有各种各样的规范,如:规程、规定、规则、标准、要领等，这些规范形成文件统称为标准(或称标准书)。制定标准，而后依标准付诸行动则称为标准化。那些认为编制或改定了标准即认为已完成标准化的观点是错误的，只有经过指导、训练才算是实施了标准化。

2）作业标准化。所谓作业标准化，就是对在作业系统调查分析的基础上，将现行作业方法的每一操作程序和每一动作进行分解，以科学技术、规章制度和实践为依据，以安全、质量效益为目标，对作业过程进行改善，从而形成一种优化作业程序，逐步达到安全、准确、高效、省力的作业效果。

3）作业标准制定的流程如图 10-1 所示。

图 10-1　作业标准制定流程

4）作业标准书是指导现场作业的重要工具，作业标准书每个工位一张，详细介绍作业的方法、安全注意事项、品质要点等信息，力求现场每个作业员都按照作业标准作业。

2. 目视化

在日常生活中，我们是通过"五感"(视觉、嗅觉、听觉、触觉、味觉)来感知事物的，其中，最常用的是视觉。据统计，人的行动 60% 是从视觉感知开始的。因此，在企业管理中，强调各种管理状态、管理方法清楚明了，达到一目了然，从而容易明白、易于遵守，让员工自主地理解、接受、执行各项工作，这将会给管理带来极大的好处。

目视化管理是利用形象直观而又色彩适宜的各种视觉感知信息来组织现场生产活动，达到提高劳动生产率的一种管理手段，也是一种利用视觉来进行管理的科学方法。所以目视化管理是一种以公开化和视觉显示为特征的管理方式。

1）目视化管理的作用。问题点显露化，困难、浪费显露化，管理效率化。

2）目视化管理的目的。低成本、准时、保质地完成各项工作。

3）目视化管理的常用工具。看板、红牌、信号灯、防错牌、操作流程图、警示牌、管理板，如图 10-2、图 10-3 所示。

图 10-2　管理板

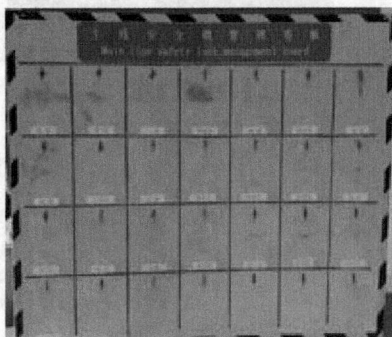

图 10-3　看板

4）推行目视化管理的基本要求

① 统一：目视化管理要实行标准化。

② 简约：各种视觉显示信号应易懂，一目了然。

③ 鲜明：各种视觉像的信号要清晰，位置要适宜，现场人员能看得见、看得清。

④ 实用：不摆花架子、少花钱、讲实效。

⑤ 严格：现场所有人员都必须严格遵守和执行有关规定，有错必纠，赏罚分明。

3. 看板管理

看板是管理可视化的一种表现形式，即对数据、情报等的状况一目了然地表现，主要是针对管理项目，特别是情报进行的透明化管理活动。它通过各种形式，如标语、现况板、图表、电子屏等把文件上、脑子里或现场等隐藏的情报揭示出来，以便任何人都可以及时掌握管理现状和必要的情报，从而能够快速制定并实施应对措施。因此，看板管理是发现问题、解决问题的非常有效且直观的手段，是优秀的现场管理必不可少的工具之一。

看板管理是一种高效而又轻松的管理方法，有效地应用看板管理对于企业管理者来说是一种管理上的解放。

看板一般有生产看板、管理看板和异常看板等，如下图 10-4、图 10-5、图 10-6 所示。

生产看板是一种由 LED 组合而成的新型电子化看板，突破传统看板白纸黑字固定不变的方式，采用电子化的方法，集单片机技术、光电子显示技术、现场总线技术于一体，版面灵活多变，内容随时可以更改，充分适用于各行各业的生产管理。

图 10-4　生产看板

生产看板主要功能：传递生产和运送指令、调节生产均衡、改善机能。通过生产看板可以发现并暴露出生产中存在的问题，从而可以立即采取相应的对策，作业现场的管理人员对生产的优先顺序能够一目了然，并且通

图 10-5　管理看板

过观察生产看板，就能知道后道工序的作业进展、库存情况等。

异常看板主要作用是统计异常处理时间，异常发生率，异常发生率趋势图标，通过数据支持现场管理是否成效。

作为现场管理，还有另外一个最重要的方面：6S 管理。

整理 (SEIRI)——将工作场所的任何物品区分为有必要的和没有必要的，有必要的留下来，其他的都清除掉。目的：腾出空间，空间活用，防止误用，塑造清爽的工作场所。

生产线	P001	P002	P003	P004	P005	P006
生产状况					缺料	缺料
品质状况			67.3%			
设备状况	维修中					
计划停止						
非计划停止						
缺料					25分钟	40分钟

图 10-6　异常看板

整顿 (SEITON)——把留下来的必要物品按规定位置摆放，并放置整齐加以标识。目的：工作场所一目了然，缩短寻找物品的时间，整整齐齐的工作环境，消除过多的积压物品。

清扫 (SEISO)——将工作场所内看得见与看不见的地方清扫干净，保持工作场所干净、亮丽的环境。目的：稳定品质，减少工业伤害。

清洁 (SEIKETSU)——将整理、整顿、清扫进行到底，并且制度化，经常保持环境处在美观的状态。目的：创造明朗现场，维持上面 3S 成果。

素养 (SHITSUKE)——每位员工养成良好的习惯，并遵守规则做事，培养积极主动的精神(也称习惯性)。目的：培养有好习惯、遵守规则的员工，营造团队精神。

安全 (SECURITY)——重视员工安全教育，每时每刻都有安全第一观念，防患于未然。目的：建立起安全生产的环境，所有的工作应建立在安全的前提下。

10.1.2　质量/环境管理体系

1. 质量管理体系

现场生产的质量控制遵循"三不原则"：不接受、不制造、不放出(不合格品)，主要开展方法如下。

1）在全面生产质量管理中使用 PDCA 循环法，见表 10-1。

表 10-1　PDCA 循环法

阶段	步骤	主要方法和内容
P(Plan) — 计划阶段 D(Do) — 执行阶段 C(Check) — 检查阶段 P A(Check) — 处理阶段	1. 分析现状、找出问题	调查表、分层法、排列图
	2. 找出产生问题的原因或影响因素	因果图
	3. 找出原因中的主要原因	排列图、相关图等
	4. 针对主要原因，制定解决问题的方案	预期达到的目的(What) 在哪里执行措施(Where) 由谁来执行(Who) 何时开始和完成(When) 如何执行(How)

（续）

阶段	步骤	主要方法和内容
D	5. 按制定的计划认真执行	
C	6. 检查措施执行的效果	直方图、控制图
A	7. 巩固提高，总结成功经验	利用成功经验修改或制定相应未来工作的标准
	8. 把未解决或新出现的问题转入下一循环	为下一循环提供质量问题

2）在全面生产质量管理中使用因果图（图10-7，又名鱼骨图），用来罗列问题的原因，并将众多的问题分类、分层。主要步骤如下：

图 10-7　因果图

1）查找要解决的问题。

2）把问题写在鱼骨的头上。

3）召集同事共同讨论问题出现的可能原因，尽可能多地找出问题。

4）把相同的问题分组，在鱼骨上标出。

5）根据不同问题征求大家的意见，总结出正确的原因。

6）拿出任何一个问题，研究为什么会产生这样的问题。

7）针对问题的答案再问为什么？这样至少深入 5 个层次(连续问 5 个问题)。

8）当深入到第 5 个层次后，认为无法继续进行时，列出这些问题的原因，而后列出至少 20 个解决方法。

2. 环境管理体系

ISO 14001 对环境管理体系(EMS,Environmental Management System)的定义如下：

环境管理体系是一个组织内全面管理体系的组成部分，它包括为制定、实施、实现、评审和保持环境方针所需的组织机构、规划活动、机构职责、惯例、程序、过程和资源，还包括组织的环境方针、目标和指标等管理方面的内容。

全面质量管理起初是用于减少和最终消除生产过程中导致不能达到生产规范要求的种种缺陷，以及提高生产效率等，但这一手段已经更多的用于环境问题上。

环境管理的要点：①环境管理服务于社会的环境问题的改善；②领导的作用；③全员参与环境管理工作；④实施过程控制；⑤持续改进。

现场环境管理的一个重要指标是，垃圾分类管理(图 10-8、图 10-9)。

图 10-8　垃圾分类宣传

图 10-9　垃圾分类标识

10.2　焊装安全生产

10.2.1 安全法规

《中华人民共和国安全生产法》规定：

第 14 条　加工、制造业等生产单位的其他从业人员，在上岗前必须经过厂(矿)、车间(工段、区、队)、班组三级安全培训教育。

第 15 条　生产经营单位新上岗的从业人员，岗前培训时间不得少于 24 学时。

第 21 条　生产经营单位应当对从业人员进行安全生产教育和培训，保证从业人员具备必要的安全生产知识，熟悉有关的安全生产规章制度和安全操作规程，掌握本岗位的安全操作技能。未经安全生产教育和培训合格的从业人员，不得上岗作业。

第 22 条　生产经营单位采用新工艺、新技术、新材料或者使用新设备，必须了解、掌握其安全技术特性，采取有效的安全防护措施，并对从业人员进行专门的安全生产教育和培训。

第 50 条　从业人员应当接受安全生产教育和培训，掌握本职工作所需的安全生产知识，提高安全生产技能，增强事故预防和应急处理的能力。

10.2.2　焊装车间概况

焊装车间环境对劳动者的健康和劳动能力产生有害作用的因素如下：

$$\text{有害因素}\begin{cases}\text{生产过程}\begin{cases}\text{1）化学因素：有毒物质（苯）、生产性粉尘}\\\text{2）物理因素：高/低温、高/低压、噪声/振动、电离/非电离辐射}\end{cases}\\\text{劳动过程}\begin{cases}\text{1）劳动组织及作息制度}\\\text{2）精神/心理紧张}\\\text{3）劳动强度及生产定额}\\\text{4）个别器官或系统过度紧张，如视力紧张}\\\text{5）长时间处于某种不良体位或使用不合理的工具等}\end{cases}\\\text{生产环境}\begin{cases}\text{1）自然环境，如室外太阳辐射}\\\text{2）厂房建筑布局不合理，通风、采光、毒物防护等}\\\text{3）不合理的生产过程所致环境污染}\end{cases}\end{cases}$$

　　焊装车间是四大工艺车间之一，主要进行整车焊接和装配，产品为白车身。整个焊装车间有车身线、底板线、装配调整线、门盖线、侧围线、前纵梁线、前底板线、后底板线等，还有空中输送线。焊装车间主要特点是工艺先进，单体设备多，生产线自动化程度高，安全生产环境复杂。

10.2.3 焊装车间容易受到的伤害类型及预防

1. 被工件割伤

拿取工件应采取正确方法并穿戴劳保用品（例：防割手套等）。

2. 车辆伤害（牵引车、叉车等）

1）遵守各项交通规则。

2）厂内机动车辆（牵引车、叉车等）等特种作业人员，应经职业培训，持特种作业操作证上岗操作。

3）行人要走指定通道，过交叉路口时要确认安全后方可前行或转弯，并注意通道警示标志。

3. 飞溅灼伤

1）采取正确的操作方法。

2）穿戴个人劳保用品（例：长袖工作服、手套等）。

4. 弧光灼伤

1）使用专门防护面具及防护眼镜。

2）穿戴个人劳保用品（例：长袖工作服、手套等）。

5. 设备（夹具、焊机）夹伤

1）确认安全装置的有效性或合理增加安全装置。

2）按作业要领进行作业。

6. 生产性毒物

操作人员必须遵守工作守则，正确佩戴防毒口罩、手套、护目镜等，并且清洗手时尽可能使用消毒液，以免过量有毒物质侵入人体，引发急性或慢性中毒。

7. 粉尘

遵守工作守则，正确佩戴防护口罩、护目镜等。

8. 高温作业

1）加强通风换气，加速空气对流，降低环境温度，以利于机械设备热量的散发。

2）加强个人保健，供给足够的含盐清凉饮料。

9. 噪声

1）加强个人听力防护（穿戴耳塞、耳罩等）。

2）噪声源控制及整改。

10.2.4　焊装车间安全生产要求与规定

1. "三不伤害"原则

1）不伤害自己。

2）不伤害别人。

3）不被别人伤害。

2. "三不违章"原则

1）不违章操作。

2）不违章指挥。

3）不违反劳动纪律。

3. 安全事故"四不放过"原则

1）事故原因分析不清不放过。

2）没有防范措施不放过。

3）事故责任者和员工没有受到教育不放过。

4）事故责任人没有受到处理不放过。

4. 工程项目"三同时"原则

进行新建、改建、扩建、技术改造和引进的工程项目，其劳动安全卫生设施必须与主体工程同时设计、同时施工、同时验收及投产使用。

5. 安全工作"五同时"原则

公司领导或管理者在计划、布置、检查、总结、评比生产的同时，要计划、布置、检查、总结、评比安全。

6. 焊装安全生产要求

1）员工进入现场，必须按规定穿戴好劳动保护用品（工作服、劳保鞋、安全帽、防护眼镜等）。

2）车间内禁止穿露趾、拖鞋和高跟鞋。禁止在车间内追逐、喧哗、打闹或做与本人工作无关的事情。

3）凡运转的机械设备，不准跨越及触及运转部位。

4）严禁在没有挂安全锁的情况下进入机器人的作业范围，当设备异常时，按照停止、呼叫、等待的步骤行动。

5）行人要走指定通道，过交叉路口时要确保安全后方可前行或转弯，注意通道警示标志，严禁贪图方便跨越危险区，严禁攀登吊运中的物件，以及在吊物、吊臂下通过和停留。严禁从行驶中的机动车辆爬上、跳下、抛卸物品。

6）搞好现场4S，保证生产作业环境区、车间、库房安全通道畅通。

现场物料堆放整齐、稳妥、不超高，及时清除工作场地散落的尘、废料和工业垃圾。

7）对易燃易爆、有毒有害和腐蚀性等物品，必须分类妥善存放，并设专人管理，易燃易爆等危险场所，严禁烟火和明火作业。

8）严禁没有许可证的情况下操作机器人、驾驶车辆等。

9）严格交接班制度，重大隐患必须记入值班记录，下班前必须断开电源、气源、熄灭火种，检查清理场地。

10）发生工伤事故或设备事故，应及时制止事故扩大，并进行抢救或抢修，同时立即报告领导和安全部门。

11）在非常规作业、示教作业时，必须有监视人员，严禁单人独做。

12）焊枪的电极修磨和更换作业，严禁在控制电源未关闭的情况下进行，进行电极对合的加压确认时，不得将手伸入动作部位。

13）高空作业情况下（≥2m），必须确保有安全带，使用稳固、防滑的阶梯。

14）严禁在设备自动或调试运转中将手伸入设备的运动范围，设备由于过载而发生故障时，严禁在设备运动方向的前后站立，也不得让别人站立。

15）移动台车时，双手不得放在台车的外边。

16）严禁进入升降机的动作区域。

17）使用氧乙炔焊时，不得在乙炔未装回火防止器和在氧气瓶、乙炔瓶未分放隔离的情况下施焊。

10.2.5　焊装车间劳动保护用品

1. 使用劳保用品的目的

生产过程中存在的各种危险和有害因素会伤害劳动者的身体，损害健康，甚至危及生命。劳动防护用品就是在劳动过程中为防御物理、化学、生物等有害因素伤害人体而穿戴和配备的各种物品的总称。

1）劳保用具的目的：保护作业者的身体健康与安全。

2）选用原则：根据作业的危险性、有害性和作业场所的防护要求，正确选择使用性能符合要求的防护用品，切忌凭借个人主观意识不戴或错戴劳保用具。

2. 焊装劳动保护用品种类

1）头部防护——安全帽。

2）呼吸防护——防尘(毒)口罩。

3）眼睛防护——防护眼镜(防飞溅)。

4）手的防护——防护手套(棉制+防割)。

5）脚的防护——劳保鞋。

6）防护服装——长袖工作服(棉制的)。

7）防坠落护具——安全带。

8）听力保护——耳塞、耳罩。

10.2.6　异常对应处置

异常是指在作业中出现不正常情况，不能按规定的作业方法(式)操作的各种情况(例：

滑倒、被物品击伤等）。

出现异常时应立即联络上级主管：

1）停止，把作业、机械、设备停下来。

2）呼叫，立即向上级主管报告。

3）等待，在安全场所等待有资格人员前来处理和上级主管的进一步指示、并防止他人误入造成二次伤害。

10.3　汽车焊装车间设备的节能改造

中国汽车工业伴随着中国经济的平稳快速发展，连续多年保持高速增长，已成为中国的支柱产业。同时，汽车制造业是消耗大量水、电、气等能源的产业，实现绿色可持续发展是建设现代汽车制造业的需要。

只有坚持在节能环保道路上持续创新和变革，加速推进以节能降耗为重点的设备更新和技术改造，加快淘汰高耗能、高污染的工艺、设备和产品，才能使汽车制造企业实现持续性发展，不断提高经济效益，在激烈的市场竞争中立于不败之地。

10.3.1　技术改造节能措施

针对车身焊装车间，可有以下几个方面的节能降耗手段。

1．车间照明系统节能

对于照明系统选用选择，应根据视觉要求、作业性质及环境条件，选取合适的照度，采取适当的亮度分布保证照明的均匀性，减少阴影，使视觉空间清晰；正确地选用光源和灯具，限制眩光，提高灯光下作业、活动安全性；要求无频闪，用以减少烦躁和不安；合理选用光源，以减少光热和紫外线照射对人和物体产生不利的影响；处理好光色与显色性指数的选择，使其协调和谐，为工作、生活创造有利的环境，以创造出使人感到轻松、舒适、美丽的工作环境。

焊装车间照明系统应在保证操作者焊接作业面视觉要求，不降低照明质量的前提下，采用节能型光源，力求减少照明系统中光量的损失，从而最大限度地利用光能。

目前焊装车间普遍采用400W金属卤化物灯，由于车间厂房面积大，每个车间照明动辄数百台，双班生产时每天开启时间长达20h。然而白天生产时，如果充分利用自然光，根本不需要采用如此高照度的灯具就可满足操作者视觉的要求。粗略计算，每年光车间照明一项就耗电约40万kW·h，造成能源的较大浪费。该类灯具虽然亮度高、显色性好，但除了功耗过大外，还有启动时间长，寿命较短，维修费用高等缺点。如采用节能型灯具，据可统计数据分析，在同样满足光线照度要求的情况下，耗电量能节约40%以上。高频率节能灯具价格经济，使用寿命可长达8000h。

对于生产操作人员，严格执行对车间照明系统管理制度，做到下班后、上班前时间段、生产间隙时间段关闭照明；走廊及楼梯间照明采用供电、声控、红外等职能化的自动控制系统，以达到节约照明用电和延长照明产品寿命的目的。

由于车间白班生产期间，尤其阳光照射充足时，可以充分利用自然光的照度，各个班组生产区域照明灯可分组循环开启或部分开启。可对现有照明线路进行改造，减少单个开关控制照明灯的数量，实施分片、分区域控制，达到充分节能降耗的目的。

2. 减小电焊机空载消耗节能

焊装车间拥有电焊机数量达数百台，且电焊机本身容量较大，电焊机是焊接车间的主要耗电设备。

电焊机的原理构造及焊接过程造成空载消耗电能的必然存在。由于焊接工种的特点，电焊机经常处于空载状态。空载状态时，电焊机的功率因数非常低（低于 0.3；标准值为 0.6~0.85 以上），大大降低了有功电能的利用率，造成大量的无功损耗。空载时即使再好再新的电焊机仍然有电流流过（5~15A），这部分电能没有做任何有效功而白白浪费掉（一台电焊机空载平均 1h 耗电 3~5kW·h）。同时，电焊机空载时输出较高的空载电压 60~70V（36V 以下为国际公认的安全电压，无触电危险），给操作人员带来极大的安全隐患。

因此，电焊机有必要加装空载自停装置，其作用是在焊接停止时，自动切断电焊机的电源，使电焊机停焊时不再消耗电能。

目前市场上普遍采用的电焊机空载节电器主要由电信号自动检测、微处理控制电路和交流控制电路等组成。自动检测电路会适时地监测电焊机的工作状态，根据电焊机的工作状态，控制器将及时地自动切换电源。当要焊接时，只需按正常焊接操作，焊条和焊件短接一下，微处理器就在 20ms 内输出接通电源指令，使电焊机进入正常工作状态。当电焊机连续工作时微处理器将输出连续供电指令，使电焊机保持连续工作电压；当停止焊接时，自动监测电路将把数据送到微处理器通过运算后输出停止供电指令，控制器将适时断开工作电源，从而实现智能化、人性化节约用电的目的。

电焊机空载节电器能适时控制电焊机的用电状态，在电焊机停止焊接时，空载节电器自动断开电源，使电焊机处于休眠状态，无电能消耗；当需要焊接时，空载节电器将自动激活电焊机，使电焊机处在工作电压下正常使用。电焊机空载节电器不仅能节约有功电能，还使无功损耗降低为零，提高了电网功率因数，节电效果非常显著。在空载状态下电焊机二次输出电压仅 5V，可确保操作人员的安全。

在电焊机运行过程中，空载时让其自动停止供电，减少功率损耗，提高功率因数。一般情况下，交流电焊机空载有功损耗占其容量的 10%~25%，无功损耗占容量的 8%~9%，空载功率因数为 0.1%~0.3%。采用空载停电的自控方式，就可大大减少功率损耗，提高功率因数。以 17~40kW 的交流电焊机为例，它的无功节能为 17~25kW，功率因数可提高 0.1~0.15，大大提高了电源的利用率。

因此，在焊装车间大力推广应用空载节电器对电焊机空载损耗的降低具有重要意义。

3. 冷却循环水泵加装变频器

众所周知，电阻焊因为焊接电流大、温度高，所以必须对焊钳进行冷却。冷却循环系统是确保焊装车间焊接设备正常运行的关键。目前焊装车间冷却循环系统采用的是集中供水闭路循环的方式，专门修建了冷却循环泵房。冷却循环水泵电动机为恒功率运行，采用直接启动方式，易对供电电网以及电动机控制系统造成很大的冲击，造成电动机、接触器等元器件损坏。如果不采用变频器就无法根据随时变化的冷却水流量需求调整水循环压力，造成水循环压力过大，对冷却循环设备及管道易造成损害，而且造成了能源浪费。

某公司焊装车间现有 75kW 冷却循环泵两台，使用时水压高达 0.5MPa 以上，该公司悬挂焊机等设备要求冷却水压为 0.3MPa 以下，因此这不但造成了严重的电能浪费，还经常出现水管破裂，枪头漏水等故障，降低了生产效率，增加了维修费用。

公司通过增加一台 75kW 的变频器来调节水泵转速，使水压自动恒定为 0.3MPa。当水泵转速从 n 降到 n' 时，流量 Q、水压 H、轴功率 P 的变化关系如下：

$$Q' = Q(n'/n)$$
$$H' = H(n'/n)^2$$
$$P' = P(n'/n)^3$$

当电动机频率降低为 40Hz 时，转速降低为原来的 80%，压力降低为原来的 64%（0.5×64%MPa=0.32MPa），功率降低为原来的 51.2%，节电效果可达到 48.8% 左右。公司双班生产，一年节约电费 17 万元以上（75×16×365×0.8×48.8% 元 = 170995 元）。

节能不但利国利民，而且增加企业经济效益。水泵速度降下来以后对电动机轴承和水泵的磨损都会降低，大大减少了水管破裂、枪头漏水等故障，降低了设备维修率，延长了设备的使用寿命；自动恒压，定时运行，减少人工工作强度，提高了生产效率。变频启动为软启动，对电动机、电网、管网的冲击都会变小，一举多得。

10.3.2　能源管理节能

1）完善能源管理体系，建立工厂、车间、班组三级能源管理网络，建立严格的节能管理制度和有效的激励机制，鼓励员工持续开展节能降耗。

2）加强能源计量管理，完善能源计量网络，特别是三级计量工作，为能耗统计分析提供基础，建立能源消耗实时监控系统。

3）加大现场检查与考核力度，消除能源使用过程中的浪费，车间内杜绝跑、冒、滴、漏等现象。

4）注重节能管理与 TPM 相结合，提高设备综合利用率。设备及生产管理人员在生产过程中充分考虑提高设备负荷率，在产量低的情况下，合理组织安排生产，取得较好的经济效益和节能效果。

5）加强对员工培训和做好节能降耗宣传工作，提高员工节能意识。

企业的节能是一项系统工程，应从增强员工的节能意识入手，深入宣传教育，从根本上解决对节能重要性的认识，只有全员的节能意识提高了，通过管理的方法节能才能卓有成效。

能源问题已经上升到国家战略高度，持续的能源价格上涨加剧了汽车制造业成本的压力，能耗水平体现一个企业的产品、工艺先进程度与创新能力，属于企业核心竞争力范畴。

节能降耗是企业的生存之本，谁怠慢了它，轻视了它，谁就会失去立足之基。不能不屑一顾于一滴水、一度电的价值，那是企业效益的根本所在。公司的每一位员工都应自觉地投入到节能降耗活动中去，坚持不懈地做好节约能源的工作，树立一种"点点滴滴降成本，分分秒秒增效益"的节能意识，以最好的管理，来实现节能效益的最大化。

本 章 小 结

1. 现场管理是生产第一线的综合管理，现场管理的三大工具包括标准化、目视化和看板管理。

2. 作业标准书是指导现场作业的重要工具，也是作业标准化的依据。

3. 作为现场管理，还有一个最重要的方面：6S 管理（整理、整顿、清扫、清洁、安全、素养）。

4. 焊装车间容易受到的伤害类型及预防。

5. 焊装车间安全生产原则：三不伤害原则、三不违章原则、安全事故四不放过原则等。

6. 劳保用品的种类与选用。

7. 异常情况处理措施：停止、呼叫、等待等。

8. 焊装生产车间节能减排措施。

复习思考与练习

1. 想一想

1) 企业管理的好坏与企业的效益有关吗？

2) 6S 管理最先由哪个国家提出？你所知道的有哪些单位实行 6S 管理？

3) 在日常生活中有哪些不安全因素？在工厂里你觉得有哪些危险源？

4) 你知道的安全自救的方法和设备有哪些？

2. 做一做

1) 现场管理是如何定义的？优秀的现场管理有哪些标准和要求？

2) 现场管理有哪三大工具？并简述各工具所包括内容。

3) 6S 管理包括哪 6 个方面？并简述各方面内容。

4) 质量管理体系中需要遵循哪"三不原则"？环境管理体系的要点有哪些？

5) 焊装车间容易受到的伤害类型有哪些？并简述其预防措施。

6) "三不伤害"原则、"三不违章"原则分别是指哪些？

7) 常用焊装劳动保护用品有哪些？

8) 焊装车间所采用的节能措施通常有哪些？

第11章

汽车车身焊装质量控制

学习目标 ▶

1. 掌握车身质量管控指标及检测方法。
2. 学会识别钣金件外部常见的缺陷。
3. 了解车身间隙、面差对整车质量的影响。
4. 学会分析导致车辆异响的原因及解决办法。

11.1 焊装白车身质量管控

车身制造有传统四大工艺——冲压、焊装、涂装、总装,其中焊装工艺起着决定性作用:①决定车身的外轮廓及装配精度;②决定和影响车身的刚度及安全性;③决定车身的内部空间、承载能力及舒适性;④决定和影响车身自重及燃油经济性。

汽车白车身是由冲压成形的板料通过装配和焊接形成的车身壳体,衡量和考核汽车白车身焊装质量的性能指标主要有熔核强度质量、几何尺寸精度和焊装白车身外观。下面一一为大家讲述这三项指标的管控方法。

11.1.1 熔核强度质量

1. 熔核强度质量水平

采用熔核强度质量水平(NQST)来衡量和控制轿车白车身定位焊强度质量,是汽车公司焊接质量保证的一个显著特点。

目前 NQST 的概念已经在整个汽车行业中广泛运用,在合理的质量成本下,将 NQST 值控制在目标值之内。随着产品质量的改进和顾客要求的不断提高,NOST 值也随之不断调整和降低,使得原本模糊的车体焊接质量控制得到了很好的改善,使其具有明确的量化考核指标,能够更清楚、更直观的反映车体焊接质量状况。

NQST 为法语 Niveau Qualite Soudure de Tenue 的缩写,翻译为白车身熔核强度质量水平,是主要通过质保部剖检室对白车身熔核的破坏性检查来评价和判断整个白车身焊接强度的一种方法。

NQST(熔核强度质量水平)值=缺陷熔核数/总熔核数×100%

此处熔核缺陷包括:熔核虚焊、弱焊、漏焊、错位、烧穿等。

2. 熔核位置及尺寸要求

在进行破坏性检查之前,对熔核的位置及尺寸(包括熔核间距、熔核边距、熔核直径和允许缺陷熔核数量)进行检查。对不符合要求的熔核进行记录，并要求提交整改措施报告。

3. 熔核外观质量

熔核外观缺陷包括熔核变形、熔核压痕过深、过烧/烧穿、未焊透和飞溅等方面。为便于管理，通常把车身按重要程度等级的不同分为外1区、外2区、内1区、内2区等4个区域。根据熔核在车身所处的区域确定熔核外观质量等级。整车熔核外观等级分为3级，每级允许存在的熔核外观缺陷的性质和数量均有不同的规定。用熔核外观扣分来衡量车身熔核外观质量水平。

4. 白车身点焊质量保证

(1) 白车身点焊质量检查　为了真实反映白车身的焊接质量现状和改善焊接质量水平，实行三级检查原则。由焊装车间、焊装质检和质保部共同实施。作为生产主体和质量控制的具体部门，焊装车间对焊接质量负有直接责任；作为质量保证部门，焊装车间内质检对保证焊接质量负有检查、监督的职责；由质保部拉力试验室负责白车身焊接质量信息的分析、整理，焊接质量问题预防、改进等事宜。

(2) 白车身熔核质量三级检查

一级检查：由焊装车间操作工执行，主要是进行目视检查，检查熔核外观(熔核压痕、熔核变形、过烧/烧穿、飞边和飞溅)及熔核强度(用扁铲、铁锤对熔核进行半破坏检查)。

二级检查：由焊装车间内专职质量检查员执行，主要是进行非破坏性检查，目前逐步使用超声波熔核检测仪检查熔核外观质量和熔核虚实(使用超声波熔核检测仪)。

三级检查：在质保部拉力试验室，由专职质量检查员用液压扩力钳将白车身的所有熔核全部破坏，检查熔核强度质量。

一、二级检查由焊装车间执行，三级检查由质保部执行，质保部拉力试验室负责检查结果的处理、解释，及焊接参数调整和焊接质量改进工作，同时负责依据目前的产量、质量水平和质量状况制订体现抽检频次的监控计划。

发现不合格熔核(熔核不符合某项质量要求)后，相关部门马上填写熔核缺陷反馈卡，及时汇总到质保部。由质保部对熔核缺陷进行整理、分析、改进，防止类似缺陷的再次发生；并根据熔核检查结果，计算出熔核强度水平，整理出 NQST 报告，发送到相关职能部门进行分析改进。

通过建立和实施质量保证体系(前期焊接质量策划和后期焊接质量保证)，会使白车身焊接质量不断提高，为轿车取得良好的安全性能奠定坚实的技术基础。

11.1.2　几何尺寸精度

白车身尺寸精度是保证整车零部件装配精度的基础。白车身的制造是由数百个具有复杂空间曲面的薄板冲压工件通过由数十个工位组成的生产线，其特点是大批量、快节奏，工件装配的定位、夹紧点在 1000 个以上，熔核多达 4000~5000 个。白车身的制造过程复杂，影响因素众多，整车的制造尺寸精度取决于各方面因素的综合作用。

1. 影响因素

车身装配关系树层层拓扑的复杂结构决定了误差产生的多因素性和来源的多样性，就制造过程而言，主要包含零件状态、工装夹具、操作过程以及测量过程等几个方面。

(1) 工装夹具　工装夹具是车身各工件定位和装配的载体。车身主要由薄板冲压件组成，"321"定位原理在车身焊接夹具设计中已不适用，其第一基面上的定位点数目应大于3。定位效果不仅取决于定位点的数目，还取决于定位点的布置形式。

工装夹具的保证能力是有效控制车身尺寸稳定性的关键。在车身制造过程中，工装夹具的材料性能、结构设计以及夹具与工件的匹配情况等，都将影响到工装夹具长期使用的尺寸精度保证能力。在车身生产过程中，基于冲压件尺寸相对于设计尺寸的偏差，会导致工装夹具与工件间产生不同程度的应力集中，长期作用将导致夹具变形和失效，保证能力降低。因此应对工装夹具进行持续状态监控，排除潜在失效源，及时对故障工装夹具进行维护，消除其失效造成的尺寸偏差。

（2）工件偏差 工件偏差主要出现在冲压阶段，冲压件尺寸偏差造成车身焊装时处于非自然状态，是造成尺寸偏差的另一个原因。多数情况下，由于工件之间匹配不良，虽然在夹具较大的压紧力作用下强行匹配并焊接在一起，但由于产生了较大的强制变形，增加了车身尺寸的不确定性，产生了尺寸偏差。

工件变形是引起尺寸偏差的又一因素，主要问题出现在工件的包装和运输过程。部分变形情况无法目测识别，即使修复后也无法完全恢复至设计尺寸，造成车身尺寸偏差，应结合工件的特点合理设计包装形式和运输方式，消除此类工件偏差。

（3）操作过程 焊装过程因素是白车身尺寸偏差的主要影响因素，主要包括工件装配、夹具开合以及焊接过程等几方面的顺序和手法(非自动化生产线)。在非自动化制造中，操作过程标准化是控制过程偏差的有效手段，实施标准化操作后，人工操作的不一致、不稳定和不确定性降至最低。

在车身焊接过程中，合理设计、优化操作顺序对车身尺寸精度控制是必要的，操作顺序设计不当会引起工件尺寸偏差和变形。在某车型投产初期，车身顶盖前、后横梁的 Z 向尺寸波动较大，分析发现，顶盖横梁的内外板匹配面共有 64 个熔核，焊接顺序显著影响了横梁区域尺寸精度，进而对侧围定位造成影响。对焊接顺序进行优化，尺寸偏差和稳定性得到了有效改善。

在非自动化生产线的制造过程中，操作人员的操作手法也会对车身尺寸产生影响。如焊钳电极臂与被焊工件施焊面间角度不垂直，易引起熔核扭曲和焊接变形；焊钳电极臂因角度不当而接触到临近位置的工件边缘，易引起焊接分流和工件变形。在 M 车型车身尺寸监控中曾发现，行李舱开口两侧翻边区域 Z 向定位波动较大。分析表明，焊接过程中焊钳电极臂与工件干涉，导致该区域变形。对电极臂形状进行改进后，定位稳定性得到改善。在工艺规划和优化过程中，应充分考虑焊接设备的可操作性，将人为操作对车身尺寸精度的影响降至最低。

（4）测量过程 测量过程对尺寸精度的影响是独立于其他几种基本因素综合作用的加工过程的。车身尺寸偏差情况需要通过测量过程得到验证，正确的测量是尺寸精度改进的第一步。对于车身尺寸相关检测，在测量系统使用前和使用过程中，需要进行测量系统分析(MSA)和改进(如需要)，以确保测量数据的准确性。

在白车身生产体系中，依据测量精度、应用位置和操作便捷性等方面需求的差异，应用了三坐标测量机、测量尺规和专用检具等测量方法。三坐标测量机是现代汽车制造中普遍使用的车身尺寸测量机构，测量精度较高并且可编程控制，适用于对整车车身、分总成和零件依据测量程序的测量。针对外覆盖件的关键开口区域，使用专用检具进行检测。检具是根据外覆盖件的理论尺寸精密加工而成，可随时装配到车身上对尺寸偏差进行检测，获得第一手信息。针对车身上部分关键区域的间隙使用专用测量尺规进行测量，此类尺规为定制的非标准工具，操作简单、高效。

2. 控制方法

（1）基于测量的尺寸精度控制 从本质上看，提高制造过程尺寸精度的基础是工序控制。首先，要对制造过程进行尺寸数据的检测采样。因为尺寸数据的跟踪是实现整车装配过程监控的基础，检测方法决定了车身装配过程监控的精确性和有效性。三坐标测量是检测白车身零件、分总成和车身骨架的重要手段，凭借其较高的精度和柔性，已成为国内外汽车制造厂的重要检测设备。

1）基准点。在三坐标测量机的机床坐标系下，根据整车设计基准和基准点的实测坐标值建立整车坐标系，图11-1所示为某车型车身整车坐标系和基准点。在整车坐标系中，又将车身划分为不同的功能分区，并在各分区建立分坐标系，由分区基准点构造而成，图11-2所示为某车型后底板总成的分区坐标系。

图11-1 某车型车身整车坐标系和基准点

2）绝对尺寸。在整车坐标系下，对根据设计要求定义的测量点测量其在整车坐标系下的坐标值偏差，称为绝对尺寸。绝对尺寸反映了整车尺寸精度与设计值之间的偏差情况，设计值是指车身设计阶段输出的整车尺寸理论数据，而绝对尺寸则反馈了制造过程中输出的车身产品实际数据。

3）功能尺寸。在整车装配过程中，还需考虑各工件装配的相对尺寸精度，称为功能尺寸。功能尺寸是为了检验工件、分总成、总成或车身的制造尺寸是否符合产品设计要求，并且保证其下一级装配精度而规定的尺寸，图11-3所示为某车型传动轴加强梁区域的功能尺寸（E2/E3/E4）。相关的4个加强梁安装点分布在前底板总成（A1/A4）和下纵梁（A2/A3）上。当检测点A3/A4偏差值分别为±1.0mm时，则功能尺寸偏差为2.0mm，这样虽然A3/A4的

图 11-2　某车型后底板总成的分区坐标系

绝对尺寸都在公差内，但由于功能尺寸 $E4$ 超差，则并不能满足后续装配要求。

图 11-3　某车型传动轴加强梁区域的功能尺寸

（2）基于装配的尺寸精度控制　在一些情况下，制造过程反馈的装配偏差与三坐标测量结果有所差异。造成此类情况的原因包括设计偏差、冲压工艺或模具偏差以及工件分装偏差等。此时，车身尺寸水平应以满足整车装配以及功能要求为优先考虑点，在保证整车装配、功能满足质量标准的前提下，如果要稳定偏差，应对测量公差标准进行相应的调整。

在某车型投产初期，总装装配线反馈出左右尾灯装配间隙、平顺度不符合质量标准要求的情况，而三坐标测量结果则均满足公差要求。进一步分析，上述差异产生的原因为，侧围外板冲压件工件偏差和侧围外板总成件焊装偏差。基于此情况，依据装配线的实际偏差对尾灯定位点孔位进行了工装调整，使得尾灯装配尺寸满足质量标准，而此时定位点孔位测量值偏差已超出公差要求。在此情况下，实际工件的尺寸水平已与设计标准不符，而尾灯装配外观质量合格，故对测量公差要求进行调整。

3. 车身尺寸控制实践

车身焊装生产线的投产过程主要包括投产前单车或小批量试生产和投产后量产两个阶段。在此过程中，对冲压件、分总成和车身总成的尺寸精度以及整车的尺寸、装配精度等逐步深入的分析，综合考虑各方面因素，对尺寸精度进行持续改进。

在试制阶段，车身尺寸偏差较大，问题集中反馈到试制车身的测量结果上，需要进行逐车测量、逐工序原因分析和停线改进。必要时可对分总成进行逐工序测量，以明确偏差源，此阶段应严格保证冲压件质量、夹具质量和制造测量的统一性。改进范畴主要包括工件状态改进、工装夹具改造、调整以及操作过程优化等。

在量产阶段，基于过程和测量两方面反馈对尺寸偏差进行监控。最常出现的尺寸变化是均值变动、不规则跳动和方差变化，或三者的组合。三坐标检测的主要目的是监控生产状态的稳定性，检测频次由试制阶段的逐车检测改为定频抽检。尺寸偏差产生时，应首先判定偏差点类别和分布位置，确定偏差产生的根源。

此后，采用 PDCA 流程对尺寸偏差进行闭环控制，即制定改进计划(Plan)、执行改进试验(Do)、检查改进效果(Check)以及实施改进措施并跟踪后续反馈(Action)。在改进过程中，如出现改进方案偏差、无效或错误的情况，需要重复执行 P、D 和 C 流程，直至改进试验获得期望效果，方可实施最终改进措施和跟踪反馈(A)。

11.1.3 焊装钣金外观

白车身质量缺陷可从钣金缺陷区域和白车身缺陷两大方面进行分析。

1. 钣金缺陷区域的划分

一般在外观评审钣金缺陷时，根据其缺陷区域位置的不同将其分为 A 级面、B 级面、C 级面 3 个缺陷区域。划分的原则是把整体轿车表面按被发现表面缺陷的程度和影响整车外观质量的形象程度进行划分。

(1) A 级面范围　所有直接可见在保险杠之上的外表面，或能直接被人发现的整车外表面缺陷称为 A 级面。

该区的缺陷严重影响整车外观质量，属该区的主要有 4 个车门的外板、左右侧围外板、发动机舱盖外板(前盖)、行李舱盖外板、顶盖及左右前翼子板等部件。

(2) B 级面范围　所有的非直接可见的表面以及保险杠下方的外表面，同时是不能直接被人发现缺陷或须稍加注意才能发现缺陷的整车外表面称为 B 级面。

该区的缺陷对整车的外观质量有较大的影响，如左右侧围的门洞侧表面，中柱的外表面和侧表面，4 个车门的内门板的侧表面(门铰链和门锁的侧面)。

该区域只有开车门时才能看到缺陷，由于表面积窄长，又有加强肋、圆弧棱线，而表面质量不做重点检查，只检查拉伸褶皱、波纹、缩径、裂纹、圆角圆滑过渡、飞边等缺陷。

(3) C 级面范围　所有被其他零件或装饰件覆盖住的整车内外表面以及在车辆使用过程中很少或只是偶尔看到的内外表面，或不被人发现的内外表面都归为 C 级面。

该区的缺陷对整车的外观质量影响较小。该区零件多属于中小型冲压钣金件，结构形状多数较复杂，是受力或传力件，加强肋横竖布置，材料厚度尺寸也较外表面冲压件厚，所以表面质量，如坑、包、划伤、压痕、飞边、轻微锈蚀等不做重点检查，C 级面冲压件要求装配精度较高，所以要重点检查形状尺寸、定位孔、装配孔、装配定位面等要用检具或三坐标仪检查，当然对裂纹、较大的扭曲、粗大的飞边等缺陷也不能放过。

2. 白车身缺陷类别

一般在外观评审钣金缺陷时，也有根据其缺陷类型的不同将其分为可视类缺陷和不可视类缺陷。

1）可视类缺陷。可视缺陷指原则上用手可触摸到的，视力可察觉到的表面缺陷。这类缺陷会引起令人不愉快、不满意，影响整车和工厂、车间形象，通常会遭到用户或客户的投诉。

2）不可视类缺陷。此类缺陷是指在目视难以发现或者用手摸也较难确认的情况下，经用油石磨去冲压件表层后才能看到的缺陷。这种缺陷是可以改进的，经过调整模具是可以消除的，但也会引起设计等部门的反馈以及要求较高最终用户的投诉和索赔。为此针对局部有不明显的不可视类缺陷也要有消除计划和措施。

3. 焊装生产过程中遇到的钣金缺陷问题

焊装车间在生产过程中每天遇到最多的问题就是工件钣金问题，为了有效处理和维持正常生产，现将在生产过程中经常遇到的钣金问题按发生频率进行列举，如图 11-4 所示。

图 11-4 生产过程中经常遇到的钣金问题

1）可见表面有较大的凸包和凹坑、暗坑、较小的包群和麻点群。
2）拉延产生缩径、压痕、裂缝、断裂。
3）有锈蚀现象，表面产生锈蚀麻坑，镀锌板产生起层和锌层脱落。
4）拉延起皱、错位、波浪、波纹、飞边、划伤。
5）有拉延台阶和褶纹，拉延深度不够，圆角轮廓不清晰。
6）材料缺陷，有划痕、结疤伤痕、夹杂、分层、厚薄偏差大，拉延滑移线。
7）棱线和圆角不圆滑光顺，棱线偏，不清晰。
8）飞边，孔边缘、截面边部不同程度都有飞边。

9）其他：工件的形状尺寸、四周轮廓精度、孔径孔位、装配定位面的平面度等有缺陷。

以上缺陷要求在焊装生产过程中都不允许存在，若生产线生产过程中发现则必须按照质量问题处理流程进行反馈并如实根据焊装不合格品整改要求进行跟踪整改，还要定期对发生的钣金缺陷问题进行复查。

4. 钣金缺陷的检查

当车身钣金问题在生产过程中发生后，为了有效公正正确地评审检查钣金工件，在正确处理工件外表面擦净和清洁后，根据其缺陷问题的不同，建议用如下有效的检查方法进行检查。

（1）辅助高亮度油灯光检查　当外观工件被怀疑有小的凸包、凹坑、折痕，需要检查时可选用束光照射（光照度为 2000Lx）凸凹不平处，光线会有折射。该光照法对冲压件（钣金白件）外表面很少使用，多数用于涂装后的车身检验。在钣金件上涂抹高亮度油并在强光（光照度为 2000Lx）下检查有无凸凹不平处，利用光线折射来判断钣金工件的平整度。

（2）正常目视检查　检查形状、切边、截面和孔飞边，钻孔、隐伤、圆角、棱线清晰度，折边或翻边处及拉延圆角处是否有缩径、飞边、裂纹、断裂等缺陷。其检查的方法是把被检验的工件放置在适合的支撑架或支撑台上，并且不受外力作用，然后从用户角度出发检验表面缺陷，进行全面的表面视觉检查。

（3）手感检查　对于有轻微的坑、包、麻点、波浪、飞边等视力难以确认的钣金缺陷的检查方法，是采用人工手感来感觉判断。使用规定要求是，用适合工件触摸的手套（一般用单层白布手套或线手套），戴在左手或右手上，有条理地触摸工件表面，手指手掌接触表面，来回触摸，摆动距离在 200~400mm 为易，要触摸（考虑）所有的表面和轮廓。

（4）用油石轻磨检查　在生产过程中，有时为了能够明确判断和目视钣金缺陷问题，需要借助油石来辅助判断。其使用要求是用油石轻磨钣金表面（油石尺寸为 150mm×20mm×10mm），打磨表面时必须注意，不能对工件施加附加压力，原则上油石的自重已经足够了，轻轻打磨。对于圆角和难以接触的区域，应当使用合适的小油石（如 10mm×10mm×100mm 或 10mm×15mm×45mm 油石），或使用细砂纸包裹在硬木制成的底座上（10mm×10mm×100mm 长方木块），砂纸和油石的粒度在 800 号之上。原则上应纵向打磨，特殊地方也可以横向打磨。使用油石的检查方法如图 11-5 所示。

（5）精度检查　对于工件的四周外形、轮廓尺寸、孔径和孔位精度、装配定位面平面度的检查可用专用的检具或三坐标仪来检测检查。

5. 钣金外观表面件评审程序与设施

为了能正确和有效地反映出钣金问题以及钣金问题的跟踪解决落实情况，下面从评审的

图 11-5　使用油石的检查方法

方法、场地及实施给出要求。

（1）评审方法（程序）　为统一产品审核的规范性，统一标准，有必要在先期检查制定统一的产品质量标准模板放置在冲压（或供应商）和焊装车间各一套，便于日后能够正确地判断检查结果的可比性。当然，摆放的样件为当前生产条件下最好的产品，并列出缺陷问题和整改计划。如，事先制定一个检查记录的表格（表 11-1），便于记录缺陷种类、缺陷类别和区域以及其他信息。

表 11-1　冲压（IQ）钣金不合格品整改措施表

冲压（IQ）钣金不合格品整改措施表							
发生日期	工件名称	问题描述	问题位置（图片）	临时措施	永久措施	问题数量	签字确认（冲压/焊装）

（2）评审场地及设施　在冲压、焊装车间设有一个固定检查站（包括检具存放区域），应有平台及各种常规量具。其中工作平台及钳工平台上的光照度不小于 800 Lx。工具包含有计算机一台、150mm×20mm×10mm 的细油石（800#）、专用的触摸手套和擦布等，还要有一份评审质量问题表挂在墙上，便于跟踪缺陷问题和回顾。

（3）对评审检查员的要求

行为规定：检查中不可以感情用事，不可以激发缺陷，应当以专业的方式描述、评价工件当前的状态、缺陷。

专业素质：质量保证方面的实际经验；产品方面的专业知识；身体素质（如视力测试）；能够冷静行事，提出信服的论据；客观的评价能力。

11.2　整车质量（焊装范围）

11.2.1　间隙、面差

四门两盖（左/右前后门、发动机舱盖、行李舱盖、翼子板）是汽车车身的外观开启件，在车身制造中所具有的普遍性和工艺上的特殊性越来越引起人们的重视。门、盖装配后要与周围零件保持圆滑过渡（面差）和均匀的装配间隙，以达到良好的互换性。

1. 相关知识

由于外观间隙、面差定义没有法规可以遵循，所以定义的时候相对来说比较自由，间隙的定义主要是考虑到美观性和工艺性。

外观间隙值越小，对于工艺保证能力的要求就越高，质量控制难度也就越大。同时所要求的运动间隙也就越难满足要求，前、后门之间的运动间隙最小不能小于 2.5mm，再考虑到制造误差，间隙值不可能太小，只能在满足各方面要求的情况下尽可能小些。

外观是否美观还有一个很主要的衡量指标就是均匀度，例如图 11-6 所示中的两条线代表前、后门之间的分块线（parting-line），定义间隙值的时候会有一项均匀度（随着公差变化的线性过渡）的概念在里面。

定义面差的时候主要是考虑到空气动力学，在确定车身外形之前就要着手车身的空气动力学研究。降低空气阻力的有效措施是减小空气阻力系数和车辆的迎风面积。合理定义面差可以减小迎风面积且能够减小气动噪声。

| 前门 | 后门 | | 实际轮廓 |

前门、后门之间理论设定间隙4mm

前门、后门之间最大间隙与最小间隙差≤1mm（间隙均匀，视觉良好）

前门、后门之间最大间隙与最小间隙差>1mm（间隙不均匀，视觉不好）

图 11-6 图中的两条线代表前、后门之间的分块线（parting-line）

2. 零件公差

车身与冲压件的公差的分类如图 11-7 所示。

通常汽车车身设定的间隙、面差、门总成公差、车身本体总成公差、前门铰链安装公差、后门铰链安装公差分别如图 11-8~图 11-12 所示，运动间隙见表 11-2。

图 11-7 车身与冲压件的公差的分类

	N RR DR × FRT DR	
GCGK-1	GAP	40	+1 0
	OFFSET	60	+0.5 0

图 11-8 汽车车身设定的间隙、面差

图 11-9 门总成公差

加工公差
X: ±15
Y: ±15
Z: ±15

图 11-10 车身本体总成公差

$R=6$mm
$x=65.345$mm
$y=-819.327$mm
$z=542.471$mm

$R=6$mm
$x=125.273$mm
$y=-845.685$mm
$z=584.8$mm

$R=6$mm
$x=40.356$mm
$y=-819.327$mm
$z=-541.729$mm

$R=6$mm
$x=127.147$mm
$y=-857.423$mm
$z=506.21$mm

图 11-11　前门铰链安装公差

图 11-12　后门铰链安装公差

表 11-2　运动间隙

部位	最小运动间隙设定值/mm
前车门与翼子板	2
前车门与后车门	2
发动机舱盖与翼子板	7
行李箱盖与侧围	7

前门上的铰链安装点偏差±0.7mm　　　　后门上的铰链安装点偏差±0.7mm

铰链上安装孔位偏差±0.5mm　　　　　　铰链上安装孔位偏差±0.5mm

M8 螺栓安装余量 0.5mm　　　　　　　　M8 螺栓安装余量 0.5mm

车体安装点偏差±1.5mm　　　　　　　　车体安装点偏差±1.5mm

铰链上的安装孔 $\Phi12$mm 可以满足公差要求　铰链上的安装孔 $\Phi12$mm 可以满足公差要求

对前门安装精度无影响　　　　　　　　　对后门安装精度无影响

由上面分析可见，只有前、后门外板型面公差对间隙公差产生影响。结论：前门、后门包边后，外板型面公差（在检具上测量）为±0.7mm 时，前、后门之间的间隙公差可保证为±1.0mm（$\sqrt{0.7^2+0.7^2}\approx1.0$）。

3. 间隙面差分析

前、后门间隙公差值的分析原则：在考虑间隙公差情况下满足最小运动间隙要求。在设定前、后门最小运动间隙为 2mm，前、后门间隙公差为±1.0mm 的前提下，公称值为 3mm。在设计给出的间隙公称值大于等于 3mm 时，目前工艺可以保证；如果设计给出的间隙公称值小于 3mm 时，需要讨论工艺能力对间隙公称值及间隙公差的保证能力，寻求有效减少前、后门包边后型面公差的工艺方法，并讨论投资与收益之间的经济关系。

前、后门面差分析，考虑减少空气阻力，前门只能比后门高而不可低。在焊装车间的车身调整线，用磁铁吸合前、后门，使之平齐。在总装车间，前门上安装门锁，侧围上安装锁扣，调整达到要求（前门只能比后门高不可低，面差 $^{+0.5}_{0}$ mm）。

目前大多数汽车 B 柱上前门锁扣是不可调整的，这就要求在设计阶段，对 B 柱上前门锁扣的安装点与后门铰链安装点之间的 Y 向的相对偏差进行协调。首先保证两者在 Y 向偏差相同(即向同一个方向偏离)；其次保证两者在 Y 向实际距离小于理论距离。

按目前工艺保证能力，可以保证间隙公称值(3mm)，不能满足间隙公差($^{+1.0}_{0}$ mm)的要求。建议对间隙公差($^{+1.0}_{0}$ mm)进行更改完善(建议为±1.0mm)，同时增加均匀度定义(建议均匀度≤1.0/整段)，将面差及面差公差设定合理。

4. 间隙、面差调整方法

下面就 MPV 白车身门盖类间隙段差的调整方法，来谈谈白车身(BIW)门盖类间隙段差控制方法。主要方法有两种：一是正向法，利用车门"配重"调整；二是逆向法，利用车门装具调整。本文采用逆向法阐述 BIW 间隙段差装配调整技术方法。

(1) 白车身间隙段差问题及原因分析　出现间隙和段差的各个部位如图 11-13 所示。部位 1 为前门与滑门窗框处间隙段差；部位 2 为前后门把手部位发生间隙段差；部位 3 为滑门 C 柱段差突出；部位 4 为前门窗框与顶盖部位发生段差；部位 5 是中滑门与后轮罩处部位间隙段差；部位 6 为翼子板与前门棱线部位间隙段差。

图 11-13　出现间隙和段差的各个部位

出现间隙段差可能的机械问题如下：

① 滑门上锁时发生过大负荷，把手可能损坏，车锁磨损量大且可能松旷异响。
② 滑门运动时发生抖动异响，路上颠簸，车门抖动异响。
③ 前门玻璃运动到窗框处阻力增大，产生异响。
④ 前门内侧关闭车门时安全锁不能锁上。
⑤ 玻璃槽与车身贴合不良，造成密封性差，噪声大，可能漏雨。
⑥ 滑门中导槽发生扭曲，造成滑门下垂。

通过分析可知，影响白车身外观间隙段差的主要原因是，零件自身精度、车门总成外观尺寸精度、夹具定位精度、车身总成精度以及车门安装孔精度。只要控制好零件精度、白车身总成精度，利用有效的车门装配调整方法，就可以消除白车身外观间隙面差的问题。

(2) 控制间隙段差的有效方法

1) 提高单件、焊接总成精度。利用单件、总成检具对单件、总成件进行检测，对主要的定位孔、定位面以及功能面进行精度检测，并对问题点进行处理。利用精度检查表控制工件整改前后的精度，并通过试装验证确认整改效果。

2) 提高车门总成系统精度。在白车身尺寸固化以后，考虑整改窗框的偏差。制作简易样规，操作方便，节约成本。车门总成检测，需要采用三坐标仪数据的分析或检具应用测量分析系统。

3) 提高白车身安装孔精度。数据收集和分析可以确定问题所在，并找出问题出现的根本原因。白车身制造系统中，设计到模具、夹具、冲压件制造公差和焊接变形、车身特殊位置误差超标以及制造过程公差的累计，造成白车身重要的安装孔、性能孔及功能孔精度差。

4）利用夹具的可调性控制焊接变形。车门窗框结构复杂，滚压件及工件制造误差、匹配间隙大及焊接变形等造成窗框总成扭曲，影响间隙段差。解决此问题除了提高制造精度外，还要充分利用焊接夹具限位功能，根据制造精度合理设计夹具的限位精度，通过焊接工装的限位功能来防止窗框在焊接过程中的扭曲变形。

总而言之，开发一种新车型，要建立车型制造过程问题失效库，将整改这些问题的思路和方法标准化，作为产品开发经验进行传递，并作为后续车型开发的输入，如此做 PDCA 循环，提高产品设计质量及产品开发质量，有效避免后期质量问题整改，降低开发成本，缩短开发周期，提高产品质量。

11.2.2　机能品质——异响

轿车车身异响严重影响驾驶的舒适性，破坏驾驶人的心情。并且轿车车身异响声源往往被内外饰件遮蔽，或者存在于车身封闭腔中，给异响声源的查找和返修造成很大困难。对于轿车车身异响问题的解决，目前汽车行业还没有较为系统、全面的方法。本节将从轿车车身异响产生原理、原因分析、解决方法、如何预防等方面全面剖析轿车车身异响问题。

1. 轿车车身异响的原理

（1）车身异响的产生、特性及消除方式　声音都是由物体振动产生的，正在发声的物体叫声源。声音以声波的形式传播，通过固体或液体、气体传播形成的运动。轿车行驶时各系统振动、摩擦发出的声音统称为汽车的响声，也可称作噪声，这些响声可分为正常响声和非正常响声，非正常响声即异响。轿车车身异响通常出现在扭曲路面、转弯、加速和紧急制动等况下，由车身结构内钣金振动或滑移摩擦产生。

声波振动内耳的听小骨，这些振动被转化为微小的电子脑波，它就是我们觉察到的声音。从物理学角度来说，声音的消除主要靠"消、隔、吸"，车身异响的消除同样要运用此原理，主要方式包括：①解决钣金振动或滑移摩擦问题，消除异响声源；②通过内外饰包裹或封闭腔阻隔声音传播；③填充海绵、增加吸音垫，削弱声响。考虑整车的可靠性，一般采用消除异响声源的方式来解决车身异响问题。

（2）主要异响部位　轿车多为承载式车身，其特点是没有刚性车架，只是加强了车头、侧围车尾、底板等部位，车身和底架共同组成了车身本体的刚性空间结构。承载式车身除了其固有的承载功能外，还要直接承受各种负荷。这种形式的车身具有较大的抗弯曲和抗扭转的刚度，质量小，高度低，汽车质心低，装配简单，高速行驶稳定性较好。但由于道路负载会通过悬架装置直接传给车身本体，振动较大，极易产生异响。

根据轿车行驶中的主要受力分布分析，其异响主要出现在车身的 A 柱、B 柱、C 柱、顶盖等板件搭接较复杂的部位，还有运动件的连接处，例如：门、发动机舱盖、行李舱盖铰链连接处。常见的异响产生原因有肋板与内板干涉、包裹架与轮罩钣金摩擦、纵梁与底板横梁摩擦、前中后顶横梁与侧围搭接处摩擦、门铰链安装板与门内板摩擦、门限位器安装板等。

（3）常见异响原因

1）设计原因：设计间隙小、熔核布置不合理、悬置料边过长等。

① 设计间隙小。车身设计过程中，对于钣金件的结构间隙是有具体要求的，目前国内的制造公差一般为 1mm，因此考虑加工或生产过程中的误差积累，钣金件结构间隙一般设计为 2~3mm，否则汽车在工况负载情况下就极可能会出现干涉或运动异响。面与面配合或

线与面配合时，尽量设计成平行状态，若无法避免两个面或线与面的倾斜，在考虑间隙时，必须以最小处间隙为准，一般大于 2.5mm。

② 熔核布置不合理。熔核布置不合理是造成焊接失效的主要原因。熔核布置在圆角拐弯处或不平整处，由于焊钳在焊接时的压力比较大，易在圆角拐角处或不平整的部位产生焊接变形。另外，一般情况下，采用三层板或者三层以上的焊接结构，若没有通过使用工艺缺口以进行二层板焊接来代替三层板，三层板等直径通孔使用 CO_2 焊易造成虚焊。

③ 悬置料边过长。为了满足车身安全要求，同时降低车重，对于车身工况下应力分布集中部位，设计人员会尽量考虑采用整体多层次构架、局部加强的设计方式，这样就导致车身内外板、各肋板等搭接结构复杂。车身钣金搭接边设计时，易有长距离料边悬置（无任何连接），长距离料边悬置可能导致振动异响或与周围结构摩擦异响。图 11-14、图 11-15 所示的设计结构就属于这种情况。

钣金上熔核间距过大

L=200mm，此种结构存在很大异响风险

图 11-14 钣金件上熔核间距过大

此结构悬臂长达213mm，尤其是在B柱结构复杂处，是相当容易造成干涉异响的

图 11-15 悬臂过长

2) 制造原因：冲压件制件不合格、焊装偏差累计等造成的冲压件、焊接件尺寸形状偏差问题。冲压件制件过程中通常存在飞边、翻边不到位、回弹变形量等制造缺陷，车身焊接过程中也存在定位销磨损、夹具设计不合理等造成误差累计的不良因素，具体情况如图11-16所示。

冲压件不合格　装焊影响
回弹　　　　　焊接次序
飞边　　尺寸偏差
翻边不到　孔位偏差　焊接参数
　　　　　装配顺序
　　　　　　　　　　　　冲焊件尺寸偏
　　　　　　　　　　　　差产生的影响
定位研磨　　夹具设计不合理
　　　　　　　　　　　磕碰变形
夹具影响　　转运

图 11-16 冲压件、焊接件尺寸偏差产生的异响

（4）轿车车身异响的现场解决步骤

1）异响声源的查找。车身异响声源查找没有什么系统的方法，较为先进的是利用异响诊断仪等听诊器具（图 11-17），直接抵靠在产生异响的大概部位进行听诊，确定异响声源的具体位置。在没有设备辅助的情况下，主要采用一听、二看、三触摸的方法来查找异响声源。

图 11-17 听诊器具

2）原因验证。在判断出异响声源大致位置后，需要对该位置区域的装配关系、工艺要求、单件状态、配合公差等进行分析。数模校核及 CAE 分析，有时可以采用排除法、模拟法进行实验验证。验证方法有两种：一是拉大声源振体的距离、二是让声源振体紧密贴合，通过这两种方法来破坏声源，达到排除或故障重现的目的，以便更直观地找出异响源。

3）轿车车身异响的解决

① 完善车身设计

a）A/B/C 柱内板、肋板搭接、结构复杂钣金、车身钣金搭接边设计时，不要有长距离料边悬置（无任何连接），一般不超过 150mm。

b）车身钣金配合时，避免弧面与平面，点与平面的配合。在无法避免此类的配合时，要考虑设定较大的间隙或 CO_2 气体保护焊工艺。面与面配合或线与面配合时，尽量设计成平行状态。如无法避免两个面或线与面的倾斜，在考虑间隙时，必须以最小处间隙为准，一般大于 2.5mm。

c）缺口与翻边配合时，间隙设计需要考虑翻边的圆角处在冲压成形的过程中产出生凸边或翻边余量，以保证设计要求在生产中能得到满足。

d）设计时充分考虑定位焊或 CO_2 气体保护焊的可执行性与可靠性。

e）熔核不应布置在圆角拐弯处或不平整处。定位焊间距要求在能保证连接强度的条件下，熔核间距应尽量加大，这不仅能减少熔核，提高生产率，而且也减少定位焊时的分流，提高焊接质量。因此在设计时必须选一个适当熔核间距，可参考表 11-3。

表 11-3 定位焊、熔核间距参考

一个焊接件的厚度/mm	0.3	1.0	2.0	3.0	4.0	6.0
焊二层板时最小点距/mm	12	15	25	30	40	60

② 提高生产过程保证能力

a）冲压件避免分离工序中断口缺陷以及工件整体缺陷所造成的飞边、尺寸超差、位置不准等缺陷；及时检查和调整模具间隙，保证冲压件的断面质量、形状精度和尺寸精度。当间隙较小时，冲压件往往出现弹胀现象，即材料压缩变形。冲裁后的弹性恢复，使落料件外形尺寸增大（大于凹模尺寸）；使冲孔尺寸缩小（小于凸模尺寸）；当间隙过大时，拉应力的作用又超过压应力的作用，冲裁过程中有拉伸现象，冲裁后又有反向回弹，因而使落料件尺寸缩小(小于凹模尺寸)，使冲孔件尺寸增大(大于凸模尺寸)。

b) 在操作时必须执行合理的焊接方法和焊接工艺(焊接顺序)，控制稳定的焊接规范，以减少焊接变形。

c) 工件在运输过程中，以及在一系列装夹取放的过程中，由于操作人员的熟练程度、劳动态度方面的影响，都会使工件产生一定的变形，造成焊装误差，这种焊装误差一般属于随机误差，要尽量避免。

③ 工艺方法弥补。对于异响问题点的处理只有两种方式，一是将相互干涉、摩擦的钣金件进行固定，消除异响源；二是增加异响问题点相互配合的间隙，使其在工况下不至于干涉、摩擦产生异响。具体对应以下两类工艺方法：

a) 增加熔核、涂密封胶或填充隔振胶。

b) 合理加大配合间隙。

④ 新工艺、新技术的应用

a) 激光拼焊板技术。激光拼焊板是将几块不同材质、不同厚度、不同涂层的钢材焊接成一块整体板。激光拼焊板的应用将减少结构件数量、提高制件质量，避免复杂结构下钣金公差累计造成的钣金干涉、摩擦异响，如图 11-18 所示。

图 11-18　钣金公差累计造成的钣金干涉、摩擦异响

b) 热成形技术。热成形技术是将原材料加热到再结晶温度以上某一适当温度，使板料在奥氏体状态成形。热成形材料可以优化集成，并且没有回弹，可广泛用于车身的 A、B、C 柱等处，如图 11-19 所示。

图 11-19　热冲压成形件与冷冲压成形件的比较

c) 机器人焊接技术。机器人焊接是一种稳定、高效的车身焊接和控制方法，能够对各关键点的焊接和尺寸提供有效保证，增提高车身各结构的稳定性，减少焊接过程公差累计。

d）车身结构模块化。车身结构模块化能够简化车身设计结构、降低工艺要求、提高配合精度。

车身异响涉及的因素非常多，在问题处理过程中难度系数大，很多异响问题只能做到具体问题具体分析，更值得关注的是，在预防车身异响方面目前还没有一套完善的检测方法，只有等到问题发生后再去寻求问题产生的原因。在工作中，设计人员及现场技术人员需要不断地总结归纳，把经验进行沉淀，并实现经验共享。在调试、生产等一系列环节和过程，都必须进行综合的控制，这样异响问题才能得到改善，整车质量才能彻底得到提升。

本 章 小 结

1. 衡量和考核汽车车身焊装质量的性能指标主要有以下三项：焊点强度质量、几何尺寸精度和焊装车身外观。

2. 采用焊点强度质量水平（NQST）来衡量和控制轿车车身点焊强度质量，NQST（焊点质量水平）值=缺陷焊点数/总焊点数×100%。

3. 在车身生产体系中，几何尺寸精确度检测通常采用三坐标测量机、测量尺规和专用检具等量具进行。

4. 一般在外观评审钣金缺陷时，根据其缺陷区域位置的不同将其分为 A 级面、B 级面、C 级面三个缺陷区域。也有根据其缺陷类型的不同将其分为可视类缺陷和不可视类缺陷。

5. 钣金件缺陷检测方法有：辅助高亮度油灯光检查、正常目视检查、手感检查以及专用的检具或三坐标测量检查。

6. 车身间隙的定义主要是考虑到美观性和工艺性；定义面差的时候主要是考虑到空气动力学。

7. 汽车行驶时各系统振动、摩擦发出的声音统称为汽车的响声，也可称为噪声，这些响声可分为正常响声和非正常响声，非正常响声即异响。

8. 异响的消除主要方式有以下几点：①解决钣金振动或滑移摩擦问题，消除异响声源；②通过内外饰包裹或封闭腔阻隔声音传播；③填充海绵、增加吸声垫，削弱声响。考虑整车的可靠性，一般采用消除异响声源的方式来解决车身异响问题。

复习思考与练习

1. 想一想

1）你所知道的焊接质量检验方法有哪些？

2）焊接缺陷常见的有哪些？

3）轿车车身异响是什么原因造成的？

4）从质量方面来讲，你看重车身的哪些方面？

2. 做一做

1）车身制造包括哪四大传统工艺？其中焊装工艺起到什么作用？

2）衡量和考核汽车白车身焊装质量的性能指标有哪 3 项？

3）简述白车身熔核质量 3 级检查的内容。

4）影响白车身几何精度的因素有哪些？

5）钣金件常见的缺陷问题有哪些？

6) 车身四门两盖间隙的大小对装配有何影响？

7) 试指出车身异响产生的原因有哪些？并指出解决的途径。

8) 车身主要异响部位有哪些？

第12章

汽车焊接常识介绍

学习目标 ▶

1. 了解焊条的组成及分类。
2. 掌握焊条牌号跟型号的区分，并能讲出常见焊条的牌号。
3. 了解焊条的使用性能及保管措施。
4. 学会根据不同的材料、不同的场合选择相应的焊条。
5. 了解铝件、铸件的焊接方法。
6. 了解汽车高强度钢板的种类及焊接方法。
7. 了解焊工技能培训标准。

12.1　焊条常识

12.1.1　焊条的组成及其作用

涂有药皮的供弧焊用的熔化电极称为焊条。焊条由焊芯和药皮（涂层）组成。通常焊条引弧端有倒角，药皮被除去一部分，露出焊芯端头，有的焊条引弧端涂有引弧剂，使引弧更容易。在靠近夹持端的药皮上印有焊条牌号。

焊条中被药皮包覆的金属芯称焊芯。焊条电弧焊时，焊芯与焊件之间产生电弧并熔化为焊缝的填充金属。焊芯既是电极，又是填充金属。按国家标准 GB/1495.7—1999《焊接用钢丝》和 GB/T 17854—1999《焊接用不锈钢丝》的规定，用于焊芯的专用金属丝（称焊丝）分为碳素结构钢、低合金结构钢和不锈钢 3 类。焊芯的成分将直接影响着熔敷金属的成分和性能，各类焊条所用的焊芯（钢丝）见表 12-1。

表 12-1　各类焊条所用的焊芯

焊条种类	所用焊芯
低碳钢焊条	低碳钢焊芯（H08A 等）
低合金高强钢焊条	低碳钢或低合金钢焊芯
低合金耐热钢焊条	低碳钢或低合金钢焊芯
不锈钢焊条	不锈钢或低碳钢焊芯
堆焊用焊条	低碳钢或合金钢焊芯
铸铁焊条	低碳钢、铸铁、非铁合金焊芯
有色金属焊条	有色金属焊芯

　　涂敷在焊芯表面的有效成分称为药皮，也称涂层。焊条药皮是矿石粉末、铁合金粉、有机物和化工制品等原料按一定比例配制后压涂在焊芯表面上的一层涂料，其作用如下：

　　（1）机械保护　焊条药皮熔化或分解后产生气体和熔渣，隔绝空气，防止熔滴和熔池金属与空气接触。熔渣凝固后的焊渣壳覆盖在焊缝表面，可防止高温的焊缝金属被氧化和氮化，并可减慢焊缝金属的冷却速度。

　　（2）冶金处理　通过熔渣和铁合金进行脱氧、去硫、去磷、去氢和渗合金等焊接冶金反应，可去除有害元素，增添有用元素，使焊缝具备良好的力学性能。

　　（3）改善焊接工艺性能　药皮可保证电弧容易引燃并稳定地连续燃烧；同时减少飞溅，改善熔滴过渡和焊缝成形等。

　　（4）满足某些专用焊条的特殊功能　如铁粉焊条药皮内含较多的铁粉，增加了焊条的熔敷系数，提高了焊接生产率。

12.1.2　焊条分类、型号和牌号

　　焊条种类繁多，国产焊条约有 300 多种。在同一类型焊条中，根据不同特性分成不同的型号。某一型号的焊条可能有一个或几个品种。同一型号的焊条在不同的焊条制造厂往往有不同的牌号。

1. 焊条分类

　　焊条的分类方法很多，从不同的角度的分类见表 12-2，现在通常采用按焊条用途分类的方法。

表 12-2　电弧焊焊条的分类

分类方法	类别名称	电源种类	特征字母及表示法
按药皮成分分类	特殊型	不规定	
	氧化钛型	交、直流	
	钛钙型	交、直流	
	钛铁矿型	交、直流	
	氧化铁型	交、直流	
	纤维素型	交、直流	
	低氢钾型	交、直流	
	低氢钠型	直流	
	石墨型	交、直流	
	盐基型	直流	
按熔渣酸碱性分类	酸性焊条		
	碱性焊条		
按焊条用途分类	结构钢焊条		J×××
	钼和铬钼耐热钢焊条		R×××
	不锈钢焊条		G×× ×
			A×× ×
	堆焊焊条		D×××

（续）

分类方法	类别名称	电源种类	特征字母及表示法
按焊条用途分类	低温钢焊条		W×××
	铸铁焊条		Z×××
	镍和镍合金焊条		Ni×××
	铜和铜合金焊条		T×××
	铝和铝合金焊条		L×××
	特殊用途焊条		TS×××
按焊条性能分类	超低氢焊条		
	低尘低毒焊条		
	向下焊立焊条		
	底层焊条		
	铁粉高效焊条		
	抗潮焊条		
	水下焊条		
	重力焊条		
	仰焊焊条		

2. 焊条型号、牌号

焊条通常用型号和牌号来反映其主要性能特点及类别。

焊条型号是以焊条国家标准为依据、反映焊条主要特性的一种表示方法。焊条牌号是根据焊条的主要用途及性能特点，对焊条产品的具体命名，由焊条厂家制定。我国焊条行业采用统一牌号：属于同一药皮类型、符合相同焊条型号、性能相似的产品统一命名为一个牌号，如 J422、J507。

需要注意的是，不管是焊条厂自定的牌号，还是全国焊接材料行业统一牌号，都必须在产品样本或标签、质量证明书上注明该产品是"符合国标""相当国标"或不加标注（即与国标不符），以便用户结合产品性能要求，对照标准去选用。

每种焊条产品只有一个牌号，但多种牌号焊条可同时对应一个型号，见表 12-3，如牌号 J507RH 和 J507R 的焊条，型号均为 E5015-G。

表 12-3　焊条分类 对照表

按牌号	按型号
结构钢焊条	碳钢
低温钢焊条	低合金钢焊条
钼及铬钼耐热钢焊条	
铬不锈钢焊条	不锈钢焊条
铬镍奥氏体不锈钢焊条	

(1) 焊条型号的表示方法

1) 碳钢焊条。根据 GB/T 5117—1995《碳钢焊条》标准规定，碳钢焊条型号按熔敷金属的力学性能、药皮类型、焊接位置和焊接电流种类划分。碳钢焊条型号的编制方法如下：

首位字母"E"表示焊条。

前两位数字表示熔敷金属抗拉强度的最小值，单位为 kgf/mm^2。

第三位数字表示焊条的焊接位置："0"和"1"表示焊条适用于全位置焊接；"2"表示焊条适用于平焊及平角焊；"4"表示焊条适用于向下立焊。

第三位和第四位数字组合时表示焊接电流种类及药皮类型。

在第四位数字后面附加字母或数字："R"表示耐吸潮焊条，"M"表示对吸潮和力学性能有特殊规定的焊条，"–1"表示冲击性能有特殊规定的焊条。

举例：

E4303：$43kgf/mm^2$、全位置、钛钙型、交直流两用。

E5018–1：$50kgf/mm^2$、全位置、铁粉低氢型、交流或直流反接、–46℃低温冲击保证值。

2) 低合金钢焊条。根据 GB/T 5118—1995《低合金钢焊条》标准规定，低合金钢焊条型号按熔敷金属的力学性能、化学成分、药皮类型、焊接位置和焊接电流种类划分。低合金钢焊条型号的编制方法如下：

首位字母"E"表示焊条，前面4位数字所表示含义与碳钢焊条一样。

后缀字母为熔敷金属的化学成分分类代号，并以一字线"—"与前面分开。若还具有附加化学成分时，附加化学成分直接用元素符号表示，并以一字线"—"与前面后缀字母分开。

举例：

E5015—G（J507RH、J507R 等）：$50kgf/mm^2$（490MPa）、低氢钠型、高韧性（低温冲击保证值）、直流反接、全位置焊接。

E5515—B2—V（R317）：低氢钠型、1Cr—0.5Mo—V、540MPa、常温冲击保证值、直流反接、全位置焊接。

3) 不锈钢焊条。根据 GB/T983—1995《不锈钢焊条》标准规定，不锈钢焊条型号按熔敷金属的化学成分、药皮类型、焊接位置和焊接电流种类划分。不锈钢焊条型号的编制方法如下：

首位字母"E"表示焊条。

"E"后面的数字表示熔敷金属化学成分分类代号，如有特殊要求的化学成分，该化学成分用元素符号表示，放在数字的后面。

一字线"—"后面的两数字表示药皮类型、焊接位置及焊接电流种类。"15"表示碱性、钛型或钛钙型药皮、全位置焊接、交流或直流反接；"16"表示碱性药皮、全位置焊接、直流反接；"17"是"16"的变型。

不锈钢焊条型号与美国等工业发达国家的不锈钢焊条型号相同。

举例：

E308L—16（A002）：钛钙型、超低碳（C≤0.04%）、公称成分 00—19Cr—10Ni、交流或直流反接（尽可能采用直流电源）、全位置焊接。

E316-15（A207）：碱性、低碳（C≤0.08%）、熔敷金属公称成分 0—18Cr—12Ni—2Mo、直流反接、全位置焊接。

存在特殊情况，例如：

E5MoV—15（R507）：低氢钠型、5Cr—0.5、Mo—V、520MPa。

E9Mo—15（R707）：低氢钠型、9Cr—1Mo、590MPa。

按牌号：属于珠光体耐热钢（低合金钢）焊条 。按型号：属于不锈钢焊条。

（2）焊条牌号的表示方法　焊条牌号通常用一个汉语拼音字母（或汉字）与 3 位数字表示。如 A302（奥 302）、W607（温 607），有的焊条牌号在 3 位数字后面加注后缀字母和或数字。如 J507RH、A022Mo 、J422Fe16。

第一位字母：表示焊条种类。

前两位数字：表示熔敷金属强度或合金类型。

第三位数字：表示药皮类型及电流种类。

数字后面的字母和数字：附加合金元素或焊条特性（具有特殊性能和用途）。

如：G—高韧性焊条　　　R—压力容器用焊条

Fe—高效铁粉焊条　　　X—向下立焊用焊条

H—超低氢焊条　　　　RH—高韧性超低氢焊条

（3）国内外牌号、型号对比　国内外牌号、型号对比见表 12-4。

表 12-4　牌号型号对比

焊条类别	国内牌号	国标型号	AWS 型号（美国焊接协会）
碳钢焊条	J422	E4303	
	J506	E5016	E7016
低合金结构钢焊条	J506R	E5016—G	E7016—G
	J506RH	E5016—G	E7016—G
	J607	E6015—D1	E9015—D1
低温钢焊条	W707Ni	E5515—C1	E8015—C1
珠光体耐热钢焊条	R407	E6015—B3	E9015—B3
铬不锈钢焊条	G207	E410—15	E410—15
铬镍奥氏体不锈钢焊条	A042	E319MoL—16	E309MoL—16
	A022Mo	E317L—16	E317L—16
镍基合金焊条	Ni307B		ENiCrFe—3

12.2　焊条的使用与保管

12.2.1　焊条的工艺性能

焊条的使用性能主要包括工艺性能、焊接性能和焊条的效率等 3 个方面，在此主要介绍其工艺性能。

焊条的工艺性能通常指焊条的操作性能，焊条是否容易地进行焊接作业。

焊条的焊接性能被焊件是否得到充分的焊接(有无焊接缺陷)，以及焊接接头是否满足使用要求(接头的力学性能和耐热、耐蚀等特殊性能)。

焊条的效率焊接施工中能否使焊接效率提高，人工和材料等费用降低。

1. 焊条的工艺性能

焊条的工艺性能主要体现在以下几个方面：

1) 焊条的稳弧性。它指电弧在焊接过程中保持稳定、不易晃动和熄灭的特性。焊条的偏心与受潮对稳弧性有影响。

2) 对各种焊接位置的适用性。焊条对各种空间位置操作的适用性如何，是焊条的一个重要工艺性能。各种牌号的焊条适用的焊接位置一般在焊条说明书中有规定。

3) 焊缝的成形性能。它指焊缝的几何形状和焊缝的表面质量。

4) 脱渣性。脱渣性好坏对焊工的劳动条件、焊接生产率和焊缝质量等都有直接影响。氧化性强的熔渣脱渣性较差。如 J422 比 J426 的脱渣性就好。

5) 焊缝的熔深。在焊条因素中，药皮的组成和厚度是影响焊缝熔深的主要因素。厚药皮焊条的熔深比薄药皮大。厚钢板对接焊时采用熔深较大的焊条可以不开坡口或开小坡口，使生产效率提高。

6) 焊条的熔敷系数。焊接过程中，焊条在单位时间内通过单位焊接电流熔敷到焊件上的金属量称为熔敷系数(α)。焊条熔敷系数的大小标志着焊接过程中生产率的高低。

7) 焊接飞溅的大小。飞溅大不仅会增加焊后清理的时间，也浪费了焊条。焊条的飞溅程度主要与焊条药皮类型有关，焊条药皮受潮，飞溅也增大，当然也与焊机的性能、极性等因素有关。

2. 焊条的使用

焊条在使用前应检查其是否保管妥善，是否有吸潮变质现象，如果焊条吸潮，但是焊芯不生锈和药皮不变质，焊条重新烘干后可确保原来的性能而不影响使用。

焊条在烘烤时温度时间应遵照焊条说明书的规定，焊条推荐烘烤规范见表 12-5。

烘烤温度低了达不到除去水分的目的；烘烤温度过高，容易引起粘结剂的分解造成药皮开裂，焊接时产生脱落现象，而且药皮内的合金元素会氧化，影响合金的过渡。

表 12-5　焊条推荐烘烤规范

铬不锈钢和铬镍奥氏体不锈钢焊条	酸性焊条	烘烤 150℃/1h
	碱性焊条	烘烤 250℃/1h
其他类别焊条	酸性焊条	烘烤 150℃/1h
	碱性焊条	烘烤 350~400℃/1h
	纤维素焊条	烘烤 80℃/1.5~2h

12.2.2　焊条的保管

1. 焊条保管的基本原则

1) 焊条的保管要特别注意环境湿度。空气中相对湿度和温度越高，水蒸气分压也就越高，则药皮越容易吸湿。当空气中水蒸气分压≤5mmHg（1mmHg＝133Pa）时，药皮吸湿量很小，但一般建议空气中的相对湿度低于60%，并离开地面和墙壁一定距离（约20cm），温度以10~25℃为宜。

2）分清焊条型号（牌号）、规格，不能错用。

3）焊条运输、堆放过程中应注意不要损伤药皮，堆放不要太高。对药皮强度较差的焊条（如高强度焊条、不锈钢焊条、堆焊焊条、铸铁焊条等）更要当心。

2. 焊条受潮后的明显特征

1）焊条受潮后，药皮的颜色发深，焊条相碰时没有清脆的金属声。

2）有的焊条表面长期受潮甚至反碱出现"白花"。

3）有些焊条表面虽然没有特殊的变化，但焊接时电弧强，飞溅增多。

3. 受潮焊条对焊接工艺性能的影响

1）电弧强烈，燃烧不稳定。

2）飞溅多，颗粒大。

3）熔深大，容易产生咬边。

4）熔渣覆盖不均匀，焊缝粗糙，造成压坑。

5）焊渣清除困难，低氢型焊条的焊渣表面气孔多。

4. 受潮焊条对焊接质量的影响

1）易产生焊接裂纹和气孔。焊条受潮吸收的水分在焊接电弧热的作用下，变成气体，分解出氢，致使形成焊接裂纹和气孔，碱性焊条尤甚。焊条包装时用聚乙烯塑料袋封口，也不能保证长期的彻底防潮。

2）焊接接头的力学性能各项指标偏低。

5. 现场检查焊条受潮情况常用的简易方法

1）检查焊条的包装情况，包装破损，焊条吸潮肯定严重。

2）检查焊条生产日期，生产后长期存放的焊条表面容易出现白霉状的斑痕。

3）取一根焊条微弯10°~15°，如果弯曲时发出明显的脆裂声音，则说明焊条比较干燥。

4）观察焊芯端部表面，看是否有锈迹。

5）将焊条接入焊接回路中短路数秒钟，如果药皮表面有水蒸气出现，则是受潮的焊条。

6）取一根焊条直接进行试焊，若是受潮的焊条，在焊接过程中会有药皮爆裂或药皮成块脱落现象，并产生较多的水汽。

6. 焊接材料有效期限的确定

根据国标 JB/T 3223—1996《焊接材料质量管理规程》规定：

自生产日期算起按下述方法确定：

1）焊材质量证明书或说明书推荐的期限。

2）酸性焊材及防潮包装密封良好的低氢型焊材为两年。

3）石墨型焊材及其他焊材为一年。

超过上述规定有效期限的焊条、焊剂及药芯焊丝，应按规定复验合格后才能发放使用。

12.3 焊条的选择

焊条的种类繁多，每种焊条均有一定的特性和用途。选用焊条是焊接准备工作中一个很重要的环节。在实际工作中，除了要认真了解各种焊条的成分、性能及用途外，还应根据被焊焊件的状况、施工条件及焊接工艺等综合考虑。选用焊条一般应考虑以下几个方面：

（1）焊接材料的力学性能和化学成分

1）对于普通结构钢，通常要求焊缝金属与母材等强度，应选用抗拉强度等于或稍高于母材的焊条。

2）对于合金结构钢，通常要求焊缝金属的主要合金成分与母材金属相同或相近。

3）在被焊结构刚性大、接头应力高、焊缝容易产生裂纹的情况下，可以考虑选用比母材强度低一级的焊条。

4）当母材中 C 及 S 、P 等元素含量偏高时，焊缝容易产生裂纹，应选用抗裂性能好的低氢型焊条。

（2）焊件的使用性能和工作条件

1）对承受动载荷和冲击载荷的焊件，除满足强度要求外，还要保证焊缝具有较高的韧性和塑性，应选用塑性和韧性指标较高的低氢型焊条。

2）接触腐蚀介质的焊件，应根据介质的性质及腐蚀特征，选用相应的不锈钢焊条或其他耐腐蚀焊条。

3）在高温或低温条件下工作的焊件，应选用相应的耐热钢或低温钢焊条。

（3）焊件的结构特点和受力状态

1）对结构形状复杂、刚性大及大厚度焊件，由于焊接过程中产生很大的应力，容易使焊缝产生裂纹，应选用抗裂性能好的低氢型焊条。

2）对焊接部位难以清理干净的焊件，应选用氧化性强，对铁锈、氧化皮、油污不敏感的酸性焊条。

3）对受条件限制不能翻转的焊件，有些焊缝处于非平焊位置，应选用全位置焊接的焊条。

（4）施工条件及设备

1）在没有直流电源，而焊接结构又要求必须使用低氢型焊条的场合，应选用交、直流两用低氢型焊条。

2）在狭小或通风条件差的场所，应选用酸性焊条或低尘焊条。

（5）改善操作工艺性能　在满足产品性能要求的条件下，尽量选用电弧稳定、飞溅少、焊缝成形均匀整齐、容易脱渣的工艺性能好的酸性焊条。焊条工艺性能要满足施焊操作需要，如在非水平位置施焊时，应选用适于各种位置焊接的焊条；如在向下立焊、管道焊接、底层焊接、盖面焊、重力焊时，可选用相应的专用焊条。

（6）合理的经济效益　在满足使用性能和操作工艺性的条件下，尽量选用成本低、效率高的焊条；对于焊接工作量大的结构，应尽量采用高效率焊条，如铁粉焊条、高效率不锈钢焊条及重力焊条等，以提高焊接生产率。

常用钢材焊条选用见表 12-6 和表 12-7，异种钢材焊条选用见表 12-8。

表 12-6　常用钢材推荐选用的焊条 1

钢材	焊条电弧焊用焊条		埋弧自动焊		气体保护焊	
	应选用焊条	允许代用焊条	应选用焊丝	焊剂	应选用焊丝	保护气体
Q235-AQ235-AF21 02020E20G2Cr25	E4303	E5015	H08A	HJ431	H08Mn2SiA	CO_2
	E4315	E5015	H08MnA		H08Mn2SiAH0 5MnSiAlTiZr	Ar
16Mn 16Mng 16MnR 17Mn4	E5003	E5015	H08MnAH10Mn2	HJ431（H08Mn A）HJ350 HJ250 （H10Mn2）	H08Mn2SiA	CO_2 Ar
	E5015	E5515-G				
19Mn6 20MnMo	E5015	—	H08MnMoA	HJ350 HJ250	H08Mn2SiA	CO_2 Ar
15MnV	E5003	E5015	H10Mn2H08 MnMoA	HJ431	H08Mn2SiA	CO_2 Ar
	E5515-G	—		HJ350 HJ250		
14MnMoVg 18MnMoNbBHW35	E6015-D1		H10Mn2NiMoA H08Mn2MoA	HJ350 HJ250	H08Mn2SiMo	CO_2 Ar+CO_2
	E7015-D2	打底焊缝允许 E6015-D1				
1Cr6SiMo	A507	A312				

表 12-7　常用钢材推荐选用的焊条 2

钢种	焊条电弧焊用焊条	埋弧焊		气体保护焊	
		应选用焊丝	焊剂	应选用焊丝	保护气体
12CrMo15CrMo13CrMo44	E5515-B2	H13CrMoA	HJ350	H13CrMoA H05CrMoTiRe	Ar
12Cr1MoV	E5515-B2-V	H08CrMoVA	HJ350	H08CrMoVA H05CrMoVTiRe	Ar
12Cr2MoWVTiB（钢 102）	E5515-B3-VWB			H08Cr2Mo WVTiB H10Cr 2MnMoWVTiB	Ar
12Cr2Mol 10CrMo910	E6015-B3	US-521A	MF2-29	US-521A	Ar
Cr5Mo	E1-5MoV-15	H1Cr5Mo	HJ350		
0Cr13 1Cr13	E1-13-15E0-19-10-16 E0-19-10Nb-16	H0Cr14	HJ260	H0Cr14	Ar
2Cr13	E1-13-15E0-19-10-16 E0-19-10Nb-16	H1Cr17	HJ260	H1Cr17	Ar
0Cr18Ni9 1Cr18Ni9	E0-19-10-16 E0-19-10Nb-16	H0Cr21Ni10 H0Cr20N10Ti H0Cr20Ni10Nb	HJ260 SJ601	H0Cr21Ni10 H0Cr20N10Ti H0Cr20Ni10Nb	Ar
0Cr18Ni9Ti 1Cr18Ni9Ti	E0-19-10Nb-16	H0Cr20Ni10Ti H0Cr20Ni10Nb	HJ260 SJ601	H0Cr20Ni10Ti H0Cr20Ni10Nb	Ar

（续）

钢种	焊条电弧焊用焊条	埋弧焊		气体保护焊	
		应选用焊丝	焊剂	应选用焊丝	保护气体
Cr25Ni13	E1-23-13-16				
Cr20Ni14Si2	E1-23-13Mo2-16			H0Cr20Ni14Mo3	
Cr25Ni20	E2-26-21-16				

表 12-8　异种钢材焊接推荐选用的焊条

类别	接头钢号	焊条型号	对应牌号
碳素钢 低合金钢 低合金钢相焊	Q235—A+Q345（16Mn）	E4303	J422
	20、20R+16MnR、16MnRC	E4315	J427
	Q235—A+18MnMoNbR	E5015	J507
	16MnR+1MnMoV 16MnR+18MnMoNbR	E5015	J507
	15MnVR+20MnMo	E5015	J507
	20MnMo+18MnMoNbR	E5515—G	J557
碳素钢 碳锰低合金钢 铬钼低合金钢相焊	Q235—A+15CrMo Q235—A+1Cr5Mo	E4315	J427
	16MnR+15CrhMo 20、20R、16MnR+12CrlMoV	E5015	J507
	15MnMo+12CrMo、15CrMo 15MnMoV+CrlMoV	E7015—D2	J707
其他钢号与奥氏 体高合金钢相焊	Q235—A、20R、16MnR、 20MnMo+0Cr18Ni9Ti	E309—16	A302
		E309Mo—16	A312
	18MnMoNbR、15CrMo+0Cr18Ni9Ti	E310—16	A402
		E310—15	A407

注：1）碳钢：包括 Q235—A，20，20g。

2）低合金钢：包括 16Mn、16Mng、16MnR、20MnMo、19Mn6、15MnV、14MnMoV、18MnMoNb、BHW—35。

3）耐热钢包括：12CrMo、15CrMo、12Cr1MoV、12Cr2MoWVTiB。

4）奥氏体不锈钢：包括 0Cr18Ni9、1Cr18Ni9、0Cr18Ni9Ti、1Cr18Ni9Ti、Cr20Ni14Si2、Cr25Ni13、Cr25Ni20。

5）铁素体不锈钢：包括 0Cr13、1Cr13。

6）马氏体不锈钢：包括 2Cr13、3Cr13、1Cr6Si2Mo。

12.4　铝材、铸件的焊接

虽然在汽车上新技术新工艺不断的采用，但是也难以满足客户挑剔的眼光，比如油耗、操控的舒适性等等，迫使各汽车生产厂家不敢怠慢，只有加快进度加大力度研究新技术、采用新材料。为了满足轻量化的需求，汽车发动机很多零部件就从传统的铸铁铸钢材料转变为了铝材、车身的部分材料也从钢板变为了铝板，而铸铝相对来讲，在焊接方面比钢材就要困难一些。

12.4.1　铝材的焊接

1. 铝及铝合金的焊接特点

1) 铝在空气中及焊接时极易氧化，生成的氧化铝（Al_2O_3）熔点高、非常稳定、不易去除，阻碍母材的熔化和熔合，氧化膜的比重大，不易浮出表面，易生成夹渣、未熔合、未焊透等缺欠。铝材表面的氧化膜可吸附大量的水分，易使焊缝产生气孔。

2) 铝及铝合金的热导率和比热容均约为碳素钢和低合金钢的两倍多。在焊接过程中，大量的热量能被迅速传导到基体金属内部，因而焊接铝及铝合金时，能量除消耗于熔化金属熔池外，还要有更多的热量消耗于金属其他部位，为了获得高质量的焊接接头，应当尽量采用能量集中、功率大的能源，有时也可采用预热等工艺措施。

3) 铝及铝合金的线膨胀系数约为碳素钢和低合金钢的两倍。铝凝固时的体积收缩率较大，焊件的变形和应力较大，因此，需采取预防焊接变形的措施。

4) 铝对光、热的反射能力较强，固、液转态时，没有明显的色泽变化，焊接操作时判断难。高温下铝的强度很低，支撑熔池困难，容易焊穿。

5) 铝及铝合金在液态时能溶解大量的氢，固态几乎不溶解氢。在焊接熔池凝固和快速冷却的过程中，氢来不及溢出，极易形成氢气孔。

6) 合金元素易蒸发、烧损，使焊缝性能下降。

7) 母材基体金属如为变形强化或固溶时效强化时，焊接热使热影响区的强度下降。

8) 铝为面心立方晶格，没有同素异构体，加热与冷却过程中没有相变，焊缝晶粒易粗大，不能通过相变来细化晶粒。

2. 焊接方法

几乎各种焊接方法都可以用于焊接铝及铝合金，但是铝及铝合金对各种焊接方法的适应性不同，各种焊接方法有其各自的应用场合。气焊和焊条电弧焊方法设备简单、操作方便，气焊可用于对焊接质量要求不高的铝薄板及铸件的补焊，焊条电弧焊可用于铝合金铸件的补焊。惰性气体保护焊（TIG 或 MIG）方法是应用最广泛的铝及铝合金焊接方法。铝及铝合金薄板可采用钨极交流氩弧焊或钨极脉冲氩弧焊，铝及铝合金厚板可采用钨极氦弧焊、氩氦混合钨极气体保护焊、熔化极气体保护焊、脉冲熔化极气体保护焊。

3. 焊前准备

1) 焊机和焊丝选择。通常选择氩弧焊机，配以和母材熔点相近的铝制焊丝如 L109、L209 等。越能限制金属的融化范围，焊接合金就越容易。通常采用直径 $\Phi3/64in$（1.2mm）或者 $\Phi1/16in$（1.6mm）的焊丝。

2) 焊前清理。铝及铝合金焊接时，焊前应严格清除工件坡口及焊丝表面的氧化膜和油污，它们直接影响焊接工艺与接头质量，如焊缝气孔产生的倾向和力学性能等。常采用化学清洗和机械清理两种方法。

① 化学清洗。化学清洗效率高，质量稳定，适用于清理焊丝及尺寸不大、成批生产的工件。可用丙酮、汽油、煤油等有机溶剂表面去油，用 40～70℃ 的 5%～10%（质量分数）NaOH 溶液碱洗 3～7min（纯铝时间稍长但不超过 20min），流动清水冲洗，接着用室温至 60℃ 的 30%（质量分数）HNO_3 溶液酸洗 1～3min，流动清水冲洗，风干或低温干燥。

② 机械清理。在工件尺寸较大、生产周期较长、多层焊或化学清洗后又沾污时，常采用机械清理。先用丙酮、柴油等有机溶剂清洗表面以除油，随后直接用直径为 0.15~0.2mm 的铜丝刷或不锈钢丝刷子刷，直到露出金属光泽为止。

3）焊前预热。薄、小铝件一般不用预热，厚度 10~15mm 时可进行焊前预热，根据不同类型的铝合金预热温度可为 100~200℃，可用氧乙炔焰、电炉或喷灯等加热。预热可使焊件减小变形、减少气孔等缺陷。

4. 焊后处理

1）焊后清理。焊后留在焊缝及附近的残存焊剂和焊渣等会破坏铝表面的钝化膜，有时还会腐蚀铝件，应清理干净。

2）焊后热处理。精度要求较高的产品需要通过焊后热处理以消除较高的焊接应力，一般焊后不要求热处理。

12.4.2 铸件的焊接

1. 铸件的特点

铸件的优点就是具有很大的设计灵活性，可根据不同的化学成分和组织结构来满足不同的要求；它的使用范围很广，小型钢铸件有可能仅有 10g，而大型钢铸件可达数吨、几十甚至数百吨；性能可靠且制造方便快捷，可在价格和经济方面提高竞争优势。当然铸件也存在一些不足：铸件含碳量高、杂质多，气孔、裂纹、粘砂等缺陷常见于其表面和内部，并具有塑性低、焊接性差、对冷却速度敏感等特性。

由于铸铁特有的优点，在汽车制造材料中占有很大的比重。铸铁件大多是加工精度高的基础件，如气缸体、气缸盖、变速器壳体等。铸铁件在制造及维修过程中，有时会用到焊接。铸铁焊接后容易出现白口组织和产生裂纹，为改善铸铁件的焊补质量，可采取以下方法。

2. 铸件的常用焊接方法

（1）热焊法 焊前将工件整体或局部预热到 600~700℃，补焊过程中不低于 400℃，焊后缓慢冷却至室温。采用热焊法可有效减小焊接接头的温差，从而减小应力，同时还可以改善铸件的塑性，防止出现白口组织和裂纹。

常用的焊接方法是气焊和焊条电弧焊。气焊常用铸铁气焊丝，如 HS401 或 HS402，配用焊剂 CJ201，以去除氧化物。气焊预热方法适于补焊中小型薄壁铸件。焊条电弧焊选用铸铁芯铸铁焊条 Z248 或钢芯铸铁焊条 Z208，此法主要用于补焊厚度较大（大于 10mm）的铸铁件。

1）焊前准备和预热。清除缺陷周围的油污和氧化皮，露出基体的金属光泽；开坡口，一般坡口深度为焊件壁厚的 2/3，角度为 70°~120°；将焊件放入加热炉中缓慢加热至 600~700℃（不可超过 700℃）。

2）施焊。采用中性焰或弱碳化焰（施焊过程中不要使铁水流向一侧），待基体金属熔透后，再融入焊条金属；发现熔池中出现白亮点时，停止填入焊条金属，加入适量焊剂，用焊条将杂物剔除后再继续施焊；为得到平整的焊缝，焊接后的焊缝应稍高出铸铁件表面，并将溢在焊缝外的焊渣重新熔化，待降温到半熔化状态时，用焊丝沿铸件表面将高出部分刮平。

3）焊后冷却。一般应在保温炉内缓慢冷却至室温（一般需 48h 以上），也可用石棉布

(板)或炭灰覆盖，使焊缝形成均匀的组织，同时防止产生裂纹。

（2）冷焊法　此方法是焊前不对工件进行预热，或预热温度不超过300℃。常用焊条电弧焊进行铸件冷焊。根据铸件的要求，可选用不同的铸铁焊条，如一般灰铸件非加工面选用Z100焊条，高强度灰铸铁及球墨铸件选用Z116或Z117焊条。

冷焊法的焊接设备可用普通的电弧焊设备，焊接工艺如下：

1）焊前准备：清除焊修表面的油污及杂质，使其露出基体的金属光泽。

2）焊接规范的选择：焊条直径由焊接部位的厚度确定，一般应尽量选用小直径的焊条，以减少输入焊件的热量；在保证焊条金属与基体熔合的情况下，焊接电流也应尽量选用小的，以免焊件温度过高产生应力；电弧长度一般是焊条直径的0.5~1.1倍，以保证燃烧稳定；如果采用直流电源，则一般选焊件为负极，以免焊件受热，温度过高。

3）操作工艺要求：一般应遵循"先内后外(先孔内,后机体外侧,再后机体上平面)、短段、断续、分散焊、多层多道(第一层焊完后,用砂轮在整个焊缝上磨去一些,检查确实不存在气孔、裂纹后再焊第二层;每层先从坡口两侧焊起,后焊中间)、小电流、锤击焊缝"的原则。

① 将整条焊缝分成若干小段，不可连续施焊，每段长度视焊件厚度而定，一般在10~50mm；每段焊完后，应冷却至室温再焊下一段，每个小焊层不要横跨到坡口两侧，这样有利于未焊部分自由收缩，并避免电弧在坡口两侧停留太久。

② 焊后金属温度在800℃左右时，应锤击焊缝，使其表面呈麻点状，以松弛焊接应力，清除裂纹和气孔。温度低于300℃时不能再锤击，以免产生冷脆裂纹。

③ 施焊中以直线画小圈式运条手法为佳，焊缝应与母材呈圆滑过渡，以利于焊缝应力走向。

（3）加热减应焊法　此方法是不事先加热焊件，而在施焊前和施焊中加热焊件的"加热减应区"，使其不阻碍焊缝的收缩，从而减少内应力，避免产生裂纹。

对铸件加热减应区加热的温度选择非常重要，如果选择不当就很难收到预期的加热减应效果。温度过低起不到减小应力的效果；温度过高将使减应区的金属组织发生变化，从而影响减应区的力学性能，甚至有产生铸件变形的危险。所以，加热减应区的加热温度不能随意选择。

对于复杂结构的铸件加热减应区的温度一般不宜超过650℃。焊前将减应区加热到400℃左右，然后进行焊接，当焊接结束时，迅速加热到650℃左右，利用减应区的塑性变形补偿焊接区的收缩。加热温度可用测温笔测试，也可以凭铸件加热时颜色变化来判断。不同温度情况下铸件颜色见表12-9。

表 12-9　铸件温度与颜色有关系

温度/℃	400	600	650	700	750	800	850
颜色	暗褐红	褐红	深红	深樱红	樱红	亮樱红	亮红

在选择焊接方法时应注意以下原则：

① 针对不同的切削加工性、颜色、强度等选择不同的焊接方法。焊条电弧焊热焊法对于要求质量高、切削加工性好的铸件最适合，焊条电弧焊冷焊法则适宜于机加工的表面及不便于预热的大型铸件。

② 针对不同的焊件体积、形状、厚度及使用条件等选择不同的焊接方法。对于中小型

薄壁铸件(如气缸)采用气焊、冷焊、热焊均可，对于较大的铸件应采用气焊热焊法。

12.5 汽车高强度钢板的焊接

前面我们已经提到，现代汽车的发展趋势是质轻、节能、环保、安全等。这样，对于汽车使用钢板的要求除传统的结构性能外，还要求满足高强度、高抗凹性、良好的防腐蚀性和焊接性等，为适应这一发展趋势各种优质钢材相继研发出来，高强度钢就是其中之一。

12.5.1 汽车高强度钢板介绍

国际上有关高强度钢的标准极为繁多，引用来自中国钢铁研究总院结构材料研究所的统计标准：国际上普遍将屈服强度在 210～550MPa 的钢板称为高强度钢板，屈服强度大于550MPa 的为超高强度钢。而目前国际上最先进的汽车钢板屈服强度已经可以达到约1400MPa，它在车门、侧围、顶盖、底盘、轮毂等地方均有用到，如图 12-1 所示。汽车高强度钢作为高端钢材，国内仅有宝钢、武钢、鞍钢、首钢、广钢等少数的几家大型钢厂能够生产，上海宝钢产品型号见表 12-10。

超高强度 ●800～1400MPa
高强度 ●270～800MPa
普通 ●<270MPa

54.9%　34.6%　10.5%

图 12-1　高强度钢板在车身上的运用

表 12-10　上海宝钢汽车用高强度钢产品型号

名称	级别	抗拉强度/MPa									
		340	370	390	440	490	590	780	980	1180	1500
热轧	CMn	—	●	●	●	●	—	●	—	—	—
	HSLA	—	—	—	●	●	●	●	—	—	—
	DP	—	—	—	—	—	●	◉	◉	—	—
	TRIP	—	—	—	—	—	◉	◉	—	—	—
	SF	—	—	—	—	◉	—	—	—	—	—
	CP	—	—	—	—	—	—	●	●	◉	—
	B-steel	—	—	—	—	—	—	—	—	—	●

（续）

名称	级别	抗拉强度/MPa									
		340	370	390	440	490	590	780	980	1180	1500
冷轧及电镀锌	HSLA	●		●	●	●	—	—	—	—	
	P-added	●	●	●							
	HSSIF	●	●		●						
	BH	●		●							
	IS	●	—	●							
	DP	—					●	●	●		
	TRIP						●	●			
	Mart								●	●	●
	B-steel	—						●	●	●	●
热镀锌	HSLA	●	●	●	●	●	●				
	P-added	●	●	●							
	HSSIF	●		●		●	●				
	BH	●		●		—					
	DP						●	●	●		
	TRIR						●	●			

备注：● 商业化生产；◉ 研发中

国内对汽车用高强度钢板一般分为两类：

1. 普通高强度钢板

普通高强度钢板的抗拉强度或屈服强度相对较低，或采用传统工艺或传统工艺经少许改进即能生产出来的高强度钢板，如烘烤硬化钢板、含磷钢板、高强度 IF 钢板以及 HSLA 钢板等。

2. 先进高强度钢板

需要采用先进设备及工艺方法才能生产出来的钢板，如双相钢板（DP 钢板）、复相钢板（CP 钢板）、相变诱发塑性钢板（TRIP 钢板）和马氏体钢板（M 钢板或 Mart 钢板）等。

12.5.2　汽车高强度钢板的焊接

高强度钢板的焊接方法主要有激光焊、CO_2 气体保护焊、电阻定位焊 3 种方式，在部分场合也用到埋弧焊。在汽车车身焊接中，根据各焊接方法的特点，薄板件采用激光焊、电阻定位焊的较多，而中厚板件采用 CO_2 气体保护焊的居多。镀锌钢质量轻、耐腐蚀、强度好，在汽车车身上应用广泛，本节以镀锌钢 DP600 为例进行分析。

1. 激光焊

国内学者研究表明，高强度钢板 DP600 在焊接时通常采用塔接接头，装配时在两板件间加一 25μm 厚的铝片，运用双束激光焊接，第一束低功率激光束用于镀锌层和铝片的融化与合金，第二束大功率激光束进行焊接。当低功率激光束功率为 2kW，大功率激光束功率为 4kW，中间铝片厚度为 25μm，熔深不小于 1.5mm，焊接速度为 7m/min 左右时，焊接时飞溅少，接头强度高。焊接示意图如图 12-2 所示。

图 12-2　激光焊焊接镀锌钢 DP600

1）保护气体的选择。在激光焊接中一般采用惰性气体氦气和氩气作为保护气体，其主要作用是使焊缝与空气隔绝，防止工件表面氧化，确保焊接质量，以及去除焊接过程中产生的对激光能量有吸收和散射作用的锌等离子体。本试验中采用氩气与氦气按照 1∶3～1∶4 的比例混合作为保护气体。

2）保护气体的吹气方式。保护气体的吹气方式分侧吹和同轴吹两种。同轴吹气能使保护气体更直接地到达焊缝表面，将空气排开，使焊缝完全处于保护气的保护之中，避免氧化。侧吹气的主要目的是去除焊接过程中因高温产生的等离子体，以免其影响激光能量到达材料表面。本试验中同时采用同轴吹与侧吹两种方式，即将按照一定比例混合的氦气氩气分成两路分别通到焊枪上的轴吹与侧吹接口处。

2. CO_2 气体保护焊

汽车车身骨架以及底盘横梁厚度尺寸较大，通常采用 CO_2，其过程如下。

（1）焊接准备

① 焊接前，接头清洁要求在接头两侧 30mm 范围内，将影响焊缝质量的飞边、油污、铁锈脏物、氧化皮清洁干净。

② 当施工环境温度低于 0℃ 及结构刚性过大，物件较厚时应采用焊前预热措施，预热温度为 80～100℃，预热范围为板厚的 5 倍，但不小于 100mm。

③ 工件厚度大于 6mm 时，为确保焊接强度，在板材的对接边缘应采用开切 V 形或 X 形坡口，如图 12-3 所示。

图 12-3　在板材的对接边缘采用开切 V 形或 X 形坡口

④ 焊前应对 CO_2 焊焊机送丝顺畅情况和气体流量作认真检查。

⑤ 若使用瓶装气体应作排水提纯处理，同时应检查气体压力，若低于正常工作压力应停止使用。

⑥ 根据不同的焊接工件和焊接位置调节好范围，通常的焊接规范可以用以下公式

$$U = 0.04I + 16$$　　（允许误差±1.5V）

（2）焊接材料（质量分数）

① CO_2 气体纯度要求 99.5%；含水量不超过 0.1%；含碳量不超过 0.1%。

② 焊丝牌号：低碳钢及高强度低合金钢重要结构焊接选用 H08Mn2SiA；低碳钢及一般结构焊接选用 H08MnSi。

③ 焊丝表面镀铜不允许有锈点存在。

（3）焊接规范　焊接规范见表 12-11。

表 12-11　焊接规范

板厚/mm	焊丝直径/mm	焊接规范电流/A	电压/V	气体流量 L/min
1	0.8	60~80	16~27	10~12
3	1.0	120~150	18~20	10~12
6	1.0	140~160	21~22	10~12
10	1.2	180~200	23~24	14~18
>20	1.2	210~240	25~28	18~20
10~20（适用于立、横、仰焊）	1.2	100~120	20~22	14~18
3~20（适用于立向下角焊及立向上角焊）	1.2	140~170	21~24	14~18
如使用药芯焊丝，焊接时间可参考此规范。				

（4）操作要点

① 垂直或倾斜位置开坡口的接头必须从下到上焊接，对不开坡口的薄板对接和角焊可采用向下焊接；平、横、仰对接接头可采用左向焊法。

② 室外作业在风速大于 1m/s 时，应采用防风措施。

③ 必须根据被焊工件结构，选择合理的焊接顺序。

④ 对接两端应设置尺寸合适的引弧板和引出板。

⑤ 应经常清理软管内的污物及喷嘴的飞溅。

⑥ 有坡口的板缝，尤其是厚板的多道焊缝，焊丝摆动时在坡口两侧应稍作停留，锯齿形运条每层厚度不大于 4mm，以使焊缝熔合良好。

⑦ 根据焊丝直径正确选择焊丝导电嘴，焊丝伸出长度一般控制在 10 倍焊丝直径范围以内。

⑧ 焊接时必须拉顺送丝软管，不能盘曲，送丝软管半径不小于 $R150mm$。施焊前应将送气软管内残存的不纯气体排出。

⑨ 导电嘴磨损后孔径增大，引起焊接不稳定，需重新更换导电嘴。

3. 电阻定位焊

高强度钢板焊接时，主要有 3 个方面对其质量影响较大：①强度高，导致塑性温度区间变窄；②焊接时所需压力大，电极磨损破坏严重；③焊接接合面间隙大小。

因此，在选择焊接参数时，需要考虑两个方面：①热影响太大，将导致材料被氧化，因此采用小电流、长时间；②提升电极压力，减小被焊接材料的间隙，相应的减小电阻。

12.6 汽车焊装技能

本课程要求学生掌握相关理论，更重要的是明确理论掌握技能。作为焊工应达到什么标准，怎样提升技能，下面列出初级、中级和高级汽车制造生产线焊装人员技能培训标准，仅作参考，见表12-12、表12-13、表12-14。

表 12-12　汽车制造生产线焊装人员技能培训标准(初级)

职业功能	工作内容	技能内容	相关知识
工艺准备	识读工艺文件	1. 能读懂本岗位工艺要求．作业指导书内容 2. 能识别本岗位拼装制件	1. 工艺规程基本知识 2. 简易焊接工件图的识读知识能力
	焊接设备及焊接工装准备	1. 能检查焊接设备的完好性 2. 按工艺要求检查工装与工艺要求符合性 3. 能检查焊接仪表的完好性	1. 常用焊接设备的分类及结构 2. 常用焊接工装的组成和分类 3. 焊接仪器、仪表的分类及用途
	选用焊接材料和焊接方法	1. 按工艺文件要求选用焊接方法 2. 按产品工艺文件选用焊接材料	1. 常用焊接方法分类 2. 常用焊接材料分类及选用
	焊前工件的处理和方法	能对工件表面进行焊前除锈．涂油等有效处理	1. 工件表面污物对焊接质量影响 2. 一般的材料表面处理方法
	焊接参数选择调整	能判别所使用设备、选用参数与工艺文件的要求符合性	焊接参数与焊接质量要求的相互关系
	焊接设备的维护和保养	能对本工作岗位焊接设备进行维护和保养	熟悉设备操作规范
工件加工	设备安全装置和使用	能按设备安全操作规程，使用设备安全装置	熟悉设备安全装置操作规程
	焊接生产作业	1. 按操作工艺要求装夹工件 2. 按岗位工艺文件．操作焊接设备进行工件焊接 3. 能通过焊接方法修复轻度缺陷的不良件	1. 焊接工装、夹具的基本知识 2. 一般焊接设备操作理论知识 3. 钳工基本知识
质量控制	产品、外观、尺寸和表面缺陷，强度要求等检控。	1. 能熟悉使用本岗位检验工具 2. 根据有关标准及技术要求对简易工件进行尺寸、外观、质量、焊接强度等判定和检查	1. 焊接质量检验方法 2. 一般焊接质量检验标准 3. 基本测量工具的使用方法

表 12-13　汽车制造生产线焊装人员技能培训稿(中级)

职业功能	工作内容	技能内容	相关知识
工作前	识读工艺文件	1. 读懂本生产线的工艺卡和作业指导书 2. 熟悉本生产线的工件	1. 完成的工艺规程 2. 焊接工件图的识读方法
	焊接设备及工装设备准备	1. 能判断设备工装的一般故障 2. 能排除设备工装的一般故障及提供控制方法和措施	1. 设备工装的一般故障判断方法 2. 设备工装一般故障的排除方法
	焊接前工件的处理	根据产品的工艺要求对有特殊要求的工件的焊前处理等有有效措施	对焊接工件有特殊要求的焊接变形与应力有基本概念
	焊接参数的调整	根据产品的工艺要求能对 CO_2 气体保护焊及机器人保护焊进行工艺参数调试调整	1. 气体保护焊的焊接参数与焊接质量的关系 2. 一般焊接参数的控制原理
	焊接工装夹具一般调整	能针对本岗位柔性生产要求进行焊接工装和夹具调试调整	1. 焊接工装、焊接夹具基本知识 2. 夹紧与定位 3. 气动、液压基本原理和知识 4. 快速切换应用与调整
工件加工	生产作业	1. 能操作生产线上所有焊装工具 2. 采用合理化的焊接顺序，减小焊后工件的变形 3. 按保护气体的性质，调试调整符合工艺要求的参数(焊接)	1. 生产线焊接设备调试原理和操作手法 2. 熔化极气体保护焊原理 3. 熟悉电阻焊的工艺要求
质量控制	工件尺寸、外观表面缺陷及焊接强度检验	1. 熟悉使用生产线上的检验工具 2. 根据相关质量标准及技术要求能对较为复杂的工件进行检测、检验、质量控制	1. 焊缝组织性能检验和质量判定知识 2. 焊接缺陷判别方法

表 12-14 汽车制造生产线焊装人员技能培训稿(高级)

职业功能	工作内容	技能内容	相关知识
工作前准备	焊接设备及工装设备准备	1. 能判断设备工装的复杂故障 2. 能排除工装的复杂故障 3. 能调试调整工装的精度误差	1. 设备、工装复杂故障判断方法 2. 一般焊接工装．夹具设计知识 3. 夹具定位的设计基本原理 4. 工装复杂故障的排除方法 5. 设备工装的调整方法
	选用焊接材料和焊接方法	对特殊材料工件要求，选用相应的焊接材料、焊接参数和焊接方法	1. 特殊焊接方法与原理 2. 熔焊的一般冶金知识
	焊接参数的调整	1. 能调试调整特殊焊接参数 2. 编制焊接方法组合的焊接工艺规程，新材料焊接试验、工艺评定	1. 特殊焊接参数相互关系 2. 特殊焊接参数控制原理 3. 调整特殊焊接参数方法
	焊接工装和夹具的调试	1. 按生产线柔性化的生产要求进行焊接工装、夹具调整 2. 能分析并解决焊接工装、夹具所存的问题 3. 能设计制作简单的工装夹具	1. 焊接线自动化控制基本原理 2. 工装夹具与柔性生产的相互关系 3. 分析解决焊接工装夹具隐患问题 4. 机械制造基本原理 5. 了解模块化生产的应用
实际操作	生产作业	1. 熟悉操作机器人焊接方式、焊条电弧焊、电阻焊等焊接设备及相关的辅助设备 2. 能分析判断焊接缺陷产生的原因并提出解决办法	1. 了解自动控制在焊接生产中应用 2. 焊接机器操作规程编制 3. 熟悉了解异种金属焊接方法
质量控制	产品、尺寸、外观机械性能等检验	1. 读懂金相分析报告 2. 读懂一般焊接质量报告 3. 能撰写与分析质量报告 4. 能处理生产线常见质量问题	1. 焊接金相图基础知识 2. 质量报告编写方法 3. 特殊、焊接检验方法 4. 处理常见质量问题方法

本章小结

1. 涂有药皮的供弧焊用的熔化电极称为电焊条，简称焊条；焊条中被药皮包覆的金属芯称焊芯；涂敷在焊芯表面的有效成分称为药皮，也称涂层。

2. 焊条通常用型号和牌号来反映其主要性能特点及类别。焊条型号是以焊条国家标准为依据，反映焊条主要特性的一种表示方法。焊条牌号由焊条厂家制定。我国焊条行业采用统一牌号；属于同一药皮类型、符合相同焊条型号、性能相似的产品统一命名为一个牌号，如 J422、J507。

3. 焊条的使用性能主要包括工艺性能、焊接性能和焊条的效率等三个方面。

4. 焊条在使用前应检查其是否保管妥善，是否有吸潮变质现象，如果焊条吸潮，但是焊芯不生锈和药皮不变质，焊条重新烘干后可确保原来的性能而不影响使用。

5. 根据焊接材料焊条的选择见表 12-6 和表 12-7。

6. 铝材铸件相对来讲，在焊接方面比钢材就要困难一些。

7. 国际上普遍将屈服强度在 210～550MPa 的钢板称为高强度钢板，屈服强度大于 550MPa 的为超高强度钢。

8. 汽车高强度钢板的焊接可采用三种方法，分别为：激光焊、CO_2 气体保护焊、电阻点焊。

9. 先进高强度钢板有：如双相钢板(DP 钢板)、复相钢板(CP 钢板)、相变诱发塑性钢板(TRIP 钢板)和马氏体钢板(M 钢板或 Mart 钢板)等。

10. 焊工技能培训标准见表 12-11～表 12-13。

复习思考与练习

1. 想一想

1) 各种材料所采用的焊条一样吗？

2) 如何选择焊条？你觉得熔核强度比被焊接材料强度是要高一些还是低一些？

3) 你所知道的焊条牌号有哪些？

4) 你觉得铸铁、铝材比钢材在进行焊接操作时，是容易焊接一些还是困难一些？

5) 日常生活中你见到过铸铁件焊接吗？通常铸件焊接是怎样操作的？

6) 汽车高强度钢板通常用在什么地方？

7) 汽车制造厂采用镀铝钢板、镀锌钢板有什么目的？

2. 做一做

1) 什么称为焊芯？什么称为药皮？药皮的作用有哪些？

2) 指出碳钢焊条型号的编制方法，并举例说明。

3) 焊条的使用性能包括哪 3 个方面？并简要说明。

4) 焊条保管的基本原则有哪些？

5) 受潮焊条对焊接工艺性能的影响有哪些？

6) 选择焊条一般考虑哪些原则？

7) 铝和铝合金的焊接特点有哪些？

8) 铸件常用的焊接方法有哪 3 种？并简要说明。

9) 我国对汽车高强度钢板分为哪两类？指出 DP 钢板、CP 钢板、IF 钢板分别对应哪一类？

10) 常用的高强度钢板的焊接方法有哪几种？若为薄板或者中厚板怎样选择焊接方法？

11) 高强度钢板主要用在哪些地方？汽车上的钢圈或者铝合金轮毂属于高强度钢吗？

12) 高强度钢板采用电阻定位焊对其质量影响较大的因素有哪些？

参考文献

[1] 李亚江，李嘉宁，等．激光焊接/切割/熔覆技术[M]．北京：化学工业出版社，2012.
[2] 刘伟．中厚板焊接机器人系统及传感技术应用[M]．北京：机械工业出版社，2013.
[3] 李荣雪．焊接机器人编程与操作[M]．北京：机械工业出版社，2013.
[4] 唐迎春．焊接质量检测技术[M]．北京：中国人民大学出版社，2012.
[5] 金凤柱，陈永，等．电焊工操作入门与提高[M]．北京：机械工业出版社，2012.
[6] 许莹．焊工工艺学[M]．北京：机械工业出版社，2012.
[7] 兰虎．焊接机器人编程及应用[M]．北京：机械工业出版社，2013.
[8] 葛国政．金属材料焊接[M]．北京：中国劳动社会保障出版社，2011.

机械工业出版社 | 汽车分社
CHINA MACHINE PRESS

读者服务

　　机械工业出版社立足工程科技主业，坚持传播工业技术、工匠技能和工业文化，是集专业出版、教育出版和大众出版于一体的大型综合性科技出版机构。旗下汽车分社面向汽车全产业链提供知识服务，出版服务覆盖包括工程技术人员、研究人员、管理人员等在内的汽车产业从业者，高等院校、职业院校汽车专业师生和广大汽车爱好者、消费者。

一、意见反馈

　　感谢您购买机械工业出版社出版的图书。我们一直致力于"以专业铸就品质，让阅读更有价值"，这离不开您的支持！如果您对本书有任何建议或意见，请您反馈给我。我社长期接收汽车技术、交通技术、汽车维修、汽车科普、汽车管理及汽车类、交通类教材方面的稿件，欢迎来电来函咨询。

　　咨询电话：010-88379353　　编辑信箱：cmpzhq@163.com

二、课件下载

　　选用本书作为教材，免费赠送电子课件等教学资源供授课教师使用，请添加客服人员微信手机号"13683016884"咨询详情；亦可在机械工业出版社教育服务网（www.cmpedu.com）注册后免费下载。

三、教师服务

　　机工汽车教师群为您提供教学样书申领、最新教材信息、教材特色介绍、专业教材推荐、出版合作咨询等服务，还可免费收看大咖直播课，参加有奖赠书活动，更有机会获得签名版图书、购书优惠券。

　　加入方式：搜索 QQ 群号码 317137009，加入机工汽车教师群 2 群。请您加入时备注院校＋专业＋姓名。

四、购书渠道

机工汽车小编
13683016884

　　我社出版的图书在京东、当当、淘宝、天猫及全国各大新华书店均有销售。
　　团购热线：010-88379735
　　零售热线：010-68326294　88379203

推荐阅读

书号	书名	作者	定价（元）
	智能网联、新能源汽车专业教材		
9787111678618	智能网联汽车技术入门一本通（全彩印刷）	程增木	69
9787111715276	智能汽车技术（全彩印刷）	凌永成	85
9787111702696	智能网联汽车技术原理与应用（彩色版）	程增木　杨胜兵	65
9787111628118	智能网联汽车技术概论（全彩印刷）	李妙然　邹德伟	49.9
9787111693284	智能网联汽车底盘线控系统装调与检修（附任务工单）	李东兵　杨连福	59.9
9787111710288	智能网联汽车智能传感器安装与调试（全彩活页式教材）	中国汽车工程学会　等	49.9
9787111712480	智能网联汽车底盘线控执行系统安装与调试（全彩印刷）	中国汽车工程学会　等	49.9
9787111709800	智能网联汽车计算平台测试装调（全彩印刷）	中国汽车工程学会　等	49.9
9787111711711	智能网联汽车智能座舱系统测试装调（全彩印刷）	中国汽车工程学会　等	49.9
9787111710318	新能源汽车检测与故障诊断技术（彩色版配实训工单）	吴海东　等	69
9787111707585	新能源汽车电动空调　转向和制动系统检修（彩色版配实训工单）	王景智　等	69
9787111702931	新能源汽车整车控制系统检修（彩色版配实训工单）	吴东盛　等	69
9787111701637	新能源汽车动力电池及管理系统检修（彩色版配实训工单）	吴海东　等	59
9787111707165	新能源汽车技术概论（全彩印刷）	赵振宁	55
9787111706717	纯电动汽车构造原理与检修（全彩印刷）	赵振宁	59
9787111587590	纯电动/混合动力汽车结构原理与检修（配实训工单）（全彩印刷）	金希计　吴荣辉	59.9
9787111709565	新能源汽车维护与故障诊断（配实训工单）（全彩印刷）	林康　吴荣辉	59
9787111700524	新能源汽车整车控制系统诊断（双色印刷）	赵振宁	55
9787111699545	智能网联汽车概论（全彩印刷）	吴荣辉　吴论生	59.9
9787111698081	新能源汽车结构原理与检修（全彩印刷）	吴荣辉	65
9787111683056	新能源汽车认知与应用（第2版）（全彩印刷）	吴荣辉　李颖	55
9787111615767	新能源汽车概论（全彩印刷）	张斌　蔡春华	49
9787111644385	新能源汽车电力电子技术（全彩印刷）	冯津　钟永刚	49
9787111684428	新能源汽车高压安全与防护（全彩印刷）	吴荣辉　金朝昆	45
9787111610175	新能源汽车动力电池及充电系统检修（全彩印刷）	许云　赵良红	55
9787111613183	新能源汽车电机驱动系统检修（全彩印刷）	王毅　巩航军	49
9787111613206	新能源汽车辅助系统检修（全彩印刷）	任春晖　李颖	45
9787111646242	新能源汽车维护与故障诊断（全彩印刷）	王强　等	55
9787111670469	新能源汽车结构原理与检修（彩色版）	康杰　等	55